Dieses Buch

ist ein ärztlicher Ratgeber, mit dessen Hilfe jeder körperlich und seelisch Gesunde das Autogene Training selbständig erlernen kann.

Prof. Dr. med. Langen, Ordinarius für Psychotherapie und medizinische Psychologie, stellt hier seine in jahrzehntelanger klinischer Erfahrung bewährte, vereinfachte Form des von I. H. Schultz entwickelten Autogenen Trainings dar. Sie ist leicht zu erlernen und kann zu jeder Tageszeit und an jedem beliebigen Ort durchgeführt werden.

»Das Wichtigste am Autogenen Training ist, daß man es macht« – dieser Erkenntnis folgend beschränkte Prof. Dr. med. Langen das Autogene Training auf die Ruhe-Schwere-Wärme-Atem-Übungen. Erwiesenermaßen läßt sich bereits damit innerhalb weniger Minuten Muskel- und Gefäßentspannung erreichen. »Wandspruchartige Leitsätze« verstärken den therapeutischen Effekt des Autogenen Trainings; angewandt in Verbindung mit den Übungen helfen sie bei der Bewältigung belastender Alltagsprobleme.

Prof. Dr. med. Dietrich Langen

1913 in Apia (Samoa) geboren, Medizinstudium in München, Breslau, Freiburg, Kiel. 1950 bis 1964 an der Universitätsklinik Tübingen; Oberarzt an der dortigen Nervenklinik; Lehrtätigkeit. Von 1965 bis zu seinem Tode im März 1980 Ordinarius für Psychotherapie und medizinische Psychologie, Direktor der Klinik und Poliklinik für Psychotherapie an der Universität Mainz. – Ehrenmitgliedschaften in 16 internationalen medizinischen Gesellschaften. Zahlreiche Veröffentlichungen, unter anderen »Die gestufte Aktivhypnose«, »Archaische Ekstase und asiatische Meditation mit ihren Beziehungen zum Abendland«, »Weg des Autogenen Trainings«, »Sprechstunde: Schlafstörungen«.

Dr. med. Karl Mann

Jahrgang 1948, Medizinstudium in Mainz, Innsbruck, Wien. Stationen der klinischen Ausbildung in Psychiatrie und Psychotherapie: Concord, New Hampshire/USA, Paris bei Prof. Dr. med. Pichot, Mainz bei Prof. Dr. med. Langen. Als dessen Schüler und Mitarbeiter beschäftigte sich Dr. med. Mann wissenschaftlich mit dem Autogenen Training sowie verschiedenen Formen einer modernen Hypnotherapie. Seit Januar 1981 an der Universitätsnervenklinik Tübingen (Direktor: Prof. Dr. med. Heimann).

Prof. Dr. med. Dietrich Langen

Autogenes Training für jeden

3 x täglich zwei Minuten
abschalten, entspannen, erholen

Der ärztliche Führer zum
selbständigen Erlernen der
konzentrativen Selbstentspannung

Mitarbeit: Dr. med. Karl Mann

Gräfe und Unzer Verlag München

Ein GU-RATGEBER

Redaktionsleitung: Hans Scherz
Lektorat: Christa Falk und Doris Schimmelpfennig-Funke

3. Auflage 1983
© 1981 Gräfe und Unzer GmbH, München
Nachdruck, auch auszugsweise, sowie Verbreitung durch Film,
Funk und Fernsehen, fotomechanische Wiedergabe und Tonträger
jeder Art nur mit Genehmigung des Verlages.
Einbandgestaltung: Constanze Reithmayr-Frank
Gesamtherstellung: Ludwig Auer, Donauwörth

ISBN 3-7742-3428-0

Inhalt

Ein Wort zuvor 7

Anleitung und Einführung 9
Hinweise zur Benutzung dieses Buches 9
Was bringt das Autogene Training? 11
Wann üben, wo üben, wie üben? 13
   Nach dem Aufwachen 13
   In der Mittagspause 14
   Vor dem Schlafengehen 14
   Die Übungshaltungen 14
   Die Liegehaltung 15
   Die Sitzhaltungen 15
Wichtig: Die Rücknahme 16

Die Übungen des Autogenen Trainings für jeden 18
Der Pendelversuch 18
Die Ruhe-Konzentration 19
Die Schwere-Übung 20
   Wie Sie die Übung erleben – was Sie dabei empfinden 20
   Was geschieht im Körper? 22
   Mögliche Schwierigkeiten – Hilfen 23
Hilfestellungen für den Anfänger 26
   Optische, akustische, motorische Orientierung 26
   Hilfestellung Ausatmungsverstärkung 27
   Die Ausbreitung des Schwereerlebnisses 28
   Die Ruhe-Schwere-Konzentration 29
Die Wärme-Übung 30
   Beeinflussung des Gefäßsystems 30
   Die Ruhe-Schwere-Wärme-Konzentration 31
   Was geschieht im Körper? 32
   Mögliche Schwierigkeiten – Hilfen 33

Ruhe, Schwere, Wärme – die Gesamtumschaltung   34
Begleiterscheinungen der Gesamtumschaltung   34
Die Atem-Übung   35
Einatmung – Ausatmung   35
Die Atem-Einstellung   36
Die vollständige Formel für alle Übungen   37
Die Wandspruchartigen Leitsätze   38
Der Aufbau eines Wandspruchartigen Leitsatzes   38
Hilfe bei Sprachstörungen   39
Hilfe bei der Alkohol- und Nikotinentwöhnung   40
Hilfe für Schlafgestörte   41
Die Persönlichkeitsformel   42
Hilfe bei Alltagsproblemen   44

Autogenes Training als Therapie   46
Autogenes Training in der Vorsorgemedizin   47
Autogenes Training und koronare Herzkrankheiten   47
Autogenes Training und funktionelle Störungen   49
Autogenes Training und psychosomatische Krankheiten   49
Autogenes Training und Blutdruck   50
Autogenes Training und Asthma   51
Autogenes Training und Rheuma   52
Autogenes Training und weitere Erkrankungen   52
Autogenes Training und seelische Störungen   53
Autogenes Training und Schmerz   54
Autogenes Training und Geburt   55
Kontraindikationen des Autogenen Trainings   55
Autogenes Training: Hilfe zur Selbsthilfe   56

Nachwort des Autors an die Kollegen unter den Lesern   57

Sachregister   62

Literatur   63

Ein Wort zuvor

Das Wesentlichste am Autogenen Training ist, daß man es regelmäßig durchführt – nur so erreicht man mehrmals am Tag den Zustand der *psychovegetativen Gesamtumschaltung*, das Ziel dieser konzentrativen Selbstentspannung. Darüber hinaus bieten die Wandspruchartigen Leitsätze jedem Menschen die Möglichkeit, individuell weiterzuführen, was durch die Umschaltung bereits angebahnt ist. Diese aus langjähriger Erfahrung gewonnene Erkenntnis hat zur *vereinfachten Form des Autogenen Trainings* geführt – zum »Autogenen Training für jeden«, das Sie nach diesem Buch selbständig erlernen können.

Die neue Form des Autogenen Trainings

Für alle, die das Autogene Training nach Schultz in der bisher praktizierten Form bereits kennengelernt haben, seien hier ein paar erklärende Worte über die vereinfachte Form gesagt; detaillierte Ausführungen darüber finden Sie auf Seite 57. In den vierzig Jahren, in denen ich das Autogene Training vermittle, habe ich immer wieder erlebt, daß viele Menschen das Autogene Training nicht richtig erlernten, nicht regelmäßig durchführten und schließlich sogar wieder aufgaben, weil es mit allen Organübungen für sie zu zeitaufwendig war oder weil sie – was nicht selten geschah – mit den Herz-Bauch-Stirn-Übungen nicht zurechtkamen. Gerade aber weil sie es nicht richtig und nicht lange genug einübten, konnte es auch nicht zu den charakteristischen Veränderungen durch die Umschaltung kommen – der eigentliche Entspannungseffekt des Autogenen Trainings wurde nicht erreicht.

Wir sind deshalb im Laufe der Zeit dazu übergegangen, das Autogene Training auf die Ruhe-Schwere-Wärme-Atem-Übungen zu beschränken – wie sich gezeigt hat, mit deutlichem Erfolg. Durch Weglassen der Herz-, Bauch- und Stirn-Übungen ist die Konzentrationskette nun wesentlich kürzer geworden; wir konnten in vielen klinischen Untersuchungen eindeutig nachweisen, daß es auch ohne diese Übungen bereits zur Entspannung der

Muskeln und zur Weitstellung der Blutgefäße kommt – und damit zur Umschaltung.

Den vollen therapeutischen Effekt des Autogenen Trainings kann jeder für sich persönlich noch steigern durch geistige Konzentration auf *Wandspruchartige Leitsätze.* Mit ihrer Hilfe lassen sich Störreize abstellen und Haltungen mobilisieren, die spontan nicht zu verwirklichen wären. Sich auf diese Wandspruchartigen Leitsätze zu konzentrieren, ist somit ein wichtiges Ziel des Autogenen Trainings. Gelingt es nun, die Übungen in ihrer Formulierung und damit in der Durchführung kurz zu halten, so gewinnt der Übende mehr Zeit, sich auf seinen eigenen Wandspruchartigen Leitsatz einzustellen, um dessentwillen er oftmals das Autogene Training überhaupt erlernt. Das kann zum Beispiel der Wunsch sein, eine Schlafstörung zu bessern, von der Gewohnheit des Rauchens loszukommen oder einfach eine alltägliche Streßsituation abzubauen. Dies muß als wesentlicher Vorteil der vereinfachten Form des Autogenen Trainings angesehen werden, das wir in diesem Buch als »Autogenes Training für jeden« erstmals einer breiteren Öffentlichkeit vorstellen.

Lebenshilfe für jeden

Um eventuell auftauchenden Mißverständnissen entgegenzuwirken, möchte ich gleich zu Anfang betonen, daß der Titel des Buches »Autogenes Training für jeden« zwar bedeutet, daß die hier vorgestellte vereinfachte Form des Autogenen Trainings für jeden Menschen selbständig erlernbar ist; das heißt aber nicht, daß es auch von jedem ohne Anleitung durch den Arzt erlernt werden darf. Wer das »Autogene Training für jeden« mit Hilfe dieses Ratgebers selbständig erlernen möchte, muß sicher sein, daß er körperlich und seelisch gesund ist. Ist beides gegeben, dann können bei ordnungsgemäßem Üben keine Komplikationen auftreten. Sollten Sie sich jedoch nicht ganz im klaren darüber sein, ob der Zustand, in dem Sie sich befinden, nicht doch der Beginn einer Krankheit ist, dann bitte ich Sie, unbedingt vor Beginn des Trainings einen Arzt zu konsultieren. Und wer bereits wegen einer physischen oder psychischen Erkrankung in ärztlicher Behandlung ist und das »Autogene Training für jeden« zur Unterstützung der Therapie anwenden möchte, sollte vor Übungsbeginn mit seinem Arzt darüber sprechen. Für diese Interessenten gibt es die Möglichkeit, das Autogene Training unter ärztlicher Anleitung in der Gruppe zu erlernen. Bei welchen körperlichen und seelischen Störungen und Erkrankungen das Autogene Training zur Unterstützung der ärztlichen Therapie eingesetzt werden kann, ist im Kapitel »Autogenes Training als Therapie« (→ Seite 46) erläutert.

Im Zweifelsfall den Arzt fragen

Anleitung und Einführung

Hinweise zur Benutzung dieses Buches

Mit diesem Buch werden Sie angeleitet, die einzelnen Übungen der Muskel- und Gefäßentspannung Schritt für Schritt zu erlernen. Um dieses Ziel ohne Schwierigkeiten zu erreichen, empfehle ich Ihnen, nur die beiden folgenden Kapitel (→ Seite 11 und 13), die Sie in das Thema einführen und Ihnen Ratschläge für die Praxis des Übens vermitteln, im Zusammenhang zu lesen, in der weiteren Lektüre des Buches jedoch nur soweit zu gehen, wie Sie mit Ihren Übungen jeweils gekommen sind.

Schritt für Schritt einüben

Als erstes sollten Sie die *Rücknahme* einüben und den *Pendelversuch* machen (→ Seite 16 und 18). Die spielerische Übung des Pendelversuches zeigt Ihnen, besser als viele erklärende Worte es könnten, auf welchen Mechanismen das Autogene Training beruht. Vielleicht erst am darauffolgenden Tag sollten Sie sich dann zunächst mit dem Abschnitt über die *Ruhe-* und *Schwere-Konzentration* beschäftigen und diese so lange trainieren, bis die Umschaltung durch die Muskelentspannung wirklich funktioniert. Erläuterungen geben Ihnen Aufschluß darüber, was sich während der Muskelentspannung im Körper verändert und welche Empfindungen mit diesem Entspannungseffekt verbunden sind. Für den Fall, daß bereits bei der ersten Übung Schwierigkeiten auftreten, empfehle ich Ihnen, die daran anschließend in einem kleineren Schriftgrad gesetzten Abschnitte durchzulesen, in denen ich Ihnen erkläre, was Sie falsch gemacht haben könnten, und Ihnen Hilfen gebe zur Überwindung möglicher Anfangsschwierigkeiten. Eine Erfordernis für die Lektüre dieser Abschnitte besteht jedoch nicht; wenn Sie das Gefühl haben, daß die Ruhe-Schwere-Konzentrationen gut funktionieren, können Sie diese Abschnitte überspringen und sich gleich mit der nächsten Übung, der *Wärme-Konzentration*, beschäftigen. Auch hier habe ich die körperlichen Veränderungen durch die Gefäßent-

Hilfen –
wenn Schwierig-
keiten auftreten

spannung und die damit verbundenen Empfindungen erläutert. Auch für diese Übung werden Ihnen Hilfen angeboten für den Fall, daß Schwierigkeiten auftreten; bei normalem Übungsverlauf – der ja die Regel ist – können diese Abschnitte ebenfalls ungelesen übergangen werden. Als nächstes folgt die *Atem-Übung* mit Erläuterungen über den physiologischen Ablauf der Atmung und die Empfindungen bei der Atemeinstellung. Mit der Atem-Übung sind die Übungen des »Autogenen Trainings für jeden« abgeschlossen.

Sehr wichtig für den Erfolg des Autogenen Trainings sind die *Wandspruchartigen Leitsätze*, über deren Bedeutung bereits im »Wort zuvor« einiges gesagt wurde. Bitte lesen Sie auch die ausführlichen Erklärungen (→ Seite 38) sorgfältig durch – wenn Ihnen beim ersten Mal nicht alles klar verständlich geworden ist, sogar mehrmals. Diese Wandspruchartigen Leitsätze sind für den Gesamterfolg des Autogenen Trainings außerordentlich wichtig. Richtig erarbeitet und in Verbindung mit den Ruhe-Schwere- Wärme- und Atem-Übungen des Autogenen Trainings angewandt, sind sie eine große Hilfe bei der Bewältigung belastender Alltagsprobleme.

Autogenes Training ist, wie bereits der Name sagt*, eine Methode der Selbstentspannung, die zuverlässig eingeübt und ständig trainiert werden muß. Vielleicht wird schon mancher von Ihnen sich gefragt haben: Wie lange muß ich die einzelnen Übungen einüben, und wie lange dauert es insgesamt, bis ich das Autogene Training richtig beherrsche? Leider kann man dazu keine allgemeingültigen Angaben machen; die Zeitdauer zum Erlernen dieser Entspannungsmethode variiert von Mensch zu Mensch beträchtlich und hängt natürlich auch davon ab, ob regelmäßig geübt wird oder nicht. Es kann sein, daß Sie eine Übung schon nach einigen Tagen beherrschen, es kann aber auch eine Woche oder länger dauern. Es ist wie beim Lernen in der Schule: Der eine lernt schnell, der andere langsam. Wichtig ist, daß Sie sich nicht entmutigen lassen, wenn es etwas länger zu dauern scheint, bis sich die beschriebenen Wirkungen einstellen. Befolgen Sie die Anweisungen sehr aufmerksam – ohne Hast und im Vertrauen zu sich selbst. Vor allem aber: Üben Sie regelmäßig jeden Tag; nur »die Übung« – das heißt, die ständige Wiederholung – »macht den Meister«.

Erfolg durch
regelmäßiges
Üben

---

* Autogen (gr.) = aus sich selbst, von selbst entstehend; Training (engl.) = gezieltes Üben.

Was bringt das Autogene Training?

Da ist als erstes jener positive Effekt zu nennen, den Schultz *affektive Resonanzdämpfung* genannt hat. Damit ist gemeint: Störende Empfindungen sollen neutralisiert oder abgebaut werden. Ich erzähle dazu gerne das Beispiel des Waldhornisten, jenes Orchestermusikers, der in einem Stück oft relativ wenig zu tun hat. Kommt dann endlich sein Einsatz, muß er auf Anhieb den richtigen Ton ganz sauber treffen. Das versetzt viele Waldhornisten in eine Angsthaltung, eben weil sie so lange auf diesen entscheidenden Moment warten müssen. Diese »Angst des Waldhornisten vor dem Einsatz« läßt sich mit Hilfe des Autogenen Trainings sehr gut abbauen.

AT als Mittags-schlaf-Ersatz

Das zweite ist die *Verbesserung der Erholungsfähigkeit*. Wir leben in einer Zeit, in der die meisten Menschen ohne eine längere Mittagspause durcharbeiten. Während man früher nach einer mehrstündigen Mittagspause oder sogar erst nach einem Mittagsschlaf die Arbeit ausgeruht fortsetzte, ist heute die halbstündige Mittagspause üblich. Verlangt wird, daß auch in der zweiten Tageshälfte die gleichen Leistungen erbracht werden wie in der ersten, doch stellen sich bei vielen Menschen Ermüdungserscheinungen ein, was ganz natürlich ist. Wesentlich besser erholt geht man in die »zweite Runde«, wenn man in der Mittagspause mit Hilfe des Autogenen Trainings abschaltet. Der Erholungseffekt des Autogenen Trainings ist enorm groß; es ersetzt gewissermaßen einen längeren Mittagsschlaf.

Wieder gut schlafen können

Der dritte Effekt des Autogenen Trainings ist die *Verbesserung der Schlaffähigkeit*. Der Großstadtmensch kann sich den Streßfaktoren Hetze und Lärm kaum entziehen; die Folge davon sind oft Schlafstörungen, unter denen viele Menschen leiden – eine Umfrage, die wir im Rahmen von Volkshochschulkursen für Autogenes Training machten, zeigte, daß bis zu 40 % der Kursteilnehmer schlafgestört waren. Erfahrungsgemäß haben gerade diese Menschen Schwierigkeiten zu entspannen, locker zu lassen, sich fallen zu lassen. Wäre es anders, hätten sie vermutlich keine Schlafschwierigkeiten. Darum brauchen gerade sie das Autogene Training sehr nötig, um wieder gut schlafen zu können.

Sehr wirksam kann das Autogene Training auch zur *Verringerung der Schmerzwahrnehmung* eingesetzt werden. Es gibt viele Lebenssituationen, in denen wir Schmerzen mildern, nach Möglichkeit sogar ausschalten möchten. Zum Beispiel Frauen während der Entbindung oder wir alle, wenn wir zum Zahnarzt gehen. Wer das Autogene Training beherrscht und es während der Behandlung beim Zahnarzt gezielt »einschaltet«, wird feststellen, daß die üblichen Schmerzen wesentlich verringert sind.

Eine nicht geringe Zahl von Menschen klagt über ständig kalte Hände oder Füße. An diesem Zustand, der von den Betroffenen als sehr unangenehm empfunden wird, aber nichts Krankhaftes darstellt, leiden Frauen häufiger als Männer. Hier kann die Wärme-Übung des Autogenen Trainings gezielt zu einer *Verbesserung der Durchblutung* an Händen und Füßen eingesetzt werden.

Steigerung sportlicher Leistungsfähigkeit

Die Erfolge von Spitzensportlern, die das Autogene Training vor Wettkämpfen anwandten, haben eindeutig bewiesen, daß man damit zu einer *Verbesserung der Muskelleistung* kommen kann. Auch das »Lampenfieber« vor dem Start eines Rennens oder die Angst des Skispringers, bevor er in die Anlaufspur steigt, können durch die »affektive Resonanzdämpfung« vermindert werden. In welchem Maße das Autogene Training zu einer *Steigerung der Leistungsfähigkeit* im Wettkampf führen kann, ist durch die Mitglieder der Österreichischen Springermannschaft eindrucksvoll bewiesen worden. Auch die Treffsicherheit von Sportschützen ließ sich durch die Anwendung des Autogenen Trainings deutlich verbessern.

Eine Wirkung des Autogenen Trainings, der vor allem Studenten sehr positiv gegenüberstehen, ist die *Verbesserung der Lernfähigkeit*. Lernen heißt ja, seine Aufmerksamkeit voll auf das zu

Verbesserung der Konzentration

richten, was man lernen will. Durch kurze Übungen von etwa zwei Minuten Dauer kann man sich auf bestimmte Konzentrationen einstellen und so verhindern, daß einem »das Denken davonläuft«. Dabei ist es gleichgültig, ob Sie sich nun irgendwelche Schaltungen, die Sie in Ihrem Beruf brauchen, einprägen müssen oder ob Sie als Medizinstudent die Zweige einer Arterie lernen. Das Prinzip ist ja immer dasselbe: Die Aufmerksamkeit soll auf das fixiert werden, mit dem man sich gerade beschäftigt.

Demjenigen, der das Autogene Training bereits gut beherrscht, gelingt es schließlich sogar, damit eine *Verbesserung seiner Gedächtnisleistung* zu erreichen. Das heißt: Man kann das im Gehirn gespeicherte Wissen in dem Augenblick, in dem man es braucht, besser abrufen. Sie alle kennen das Phänomen, daß man den Namen eines Menschen oder einen Ausdruck vergessen hat; er »liegt Ihnen auf der Zunge«, aber Sie können ihn nicht aussprechen. Wenn man dann seine Aufmerksamkeit auf etwas anderes lenkt, so hat man auf einmal das, was man vorher krampfhaft gesucht hat. Ähnliches spielt bei Prüfungen eine Rolle. Hier kann man nun einerseits durch die »affektive Resonanzdämpfung« und andererseits durch die verbesserte Abrufbarkeit dessen, was man gelernt hat, zu einer Steigerung der Leistungsfähigkeit kommen.

Und schließlich möchte ich noch auf eine besondere Wirkung

des Autogenen Trainings hinweisen, die wegen ihrer großen Bedeutung in einem eigenen, ausführlichen Kapitel (→ Seite 38) beschrieben werden soll: Es ist das, was Schultz die »formelhaften Vorsatzbildungen« genannt hat und was ich in diesem Buch die *Wandspruchartigen Leitsätze* nenne.

Keiner von uns ist vollkommen; jeder hat irgend etwas, das ihn stört und das er vielleicht gerne abstellen oder verbessern möchte. Wer an einem leichten Stottern leidet, möchte eine bessere Sprechfähigkeit bekommen; wer Schlafschwierigkeiten hat, möchte wieder gut schlafen können. Der Raucher möchte sich das Rauchen abgewöhnen, der Nervöse ruhiger werden. Und alles das kann man dann, wenn man den entsprechenden »Vorsatz« mit in das Autogene Training hineinnimmt. Jeder kann sich seinen individuellen »Leitsatz« selbst bilden und mit ihm arbeiten. Wie das gemacht wird, zeige ich Ihnen, nachdem Sie die Übungen des Autogenen Trainings beherrschen, im Kapitel »Die Wandspruchartigen Leitsätze« auf Seite 38.

Das also wäre ein kurzer Überblick über die Zielvorstellungen des Autogenen Trainings, von denen aus Sie nun an die Übungen herangehen können.

Wann üben, wo üben, wie üben?

Lassen Sie mich noch einmal festhalten: *Das Wichtigste am Autogenen Training ist, daß man es macht,* und zwar dreimal täglich zwei bis drei Minuten. Es kommt dabei selbstverständlich nicht auf Sekunden an. Wenn Sie eine Zeitlang dreimal täglich geübt haben, sagt Ihnen eine »innere Uhr«, wann die Zeit vorüber ist. Die Übungszeit von zwei Minuten sollte in etwa eingehalten werden.

Günstige Übungszeiten

Auf die Frage »wann üben« empfehle ich immer die drei Tageseinschnitte, die dem Tagesablauf eine natürliche Zäsur setzen:
- nach dem Aufwachen,
- während der Mittagspause,
- vor dem Einschlafen.

Nach dem Aufwachen
Es gibt zwei Arten von Menschen in bezug auf die Wach-Schlaf-Steuerung. Die einen sind Schwererwacher, die anderen Leichterwacher. Wer morgens schlecht hochkommt, sollte das Autogene Training nicht im Bett machen, denn wenn er auf dem Rücken liegend die Augen wieder schließt und sagt »ich bin ganz ruhig,

rechter Arm ist schwer«, dann besteht natürlich die Gefahr, daß er wieder einschläft. Diese Schwererwacher – es sind meistens jüngere Menschen – sollten nach dem Erwachen sofort aufstehen, Morgentoilette machen, frühstücken und erst danach die Übungen im Sitzen durchführen. Als sehr hilfreiche Maßnahme empfehle ich Ihnen, für die Morgenübung den Wecker fünf Minuten früher klingeln zu lassen. Denn die fünf Minuten, die Sie auf diese Weise gewonnen haben, geben Ihnen für den ganzen Tag das Gefühl, daß Sie das Autogene Training keine zusätzliche Zeit kostet.

In der Mittagspause
Wenn Sie die Übungen in der Mittagspause durchführen, sollten

AT am
Arbeitsplatz

Sie gerade anfangs dabei allein sein und nicht in einem Raum, in dem Sie von anderen Menschen beobachtet werden können. Wer das Autogene Training bereits beherrscht, dem macht es nichts mehr aus, wenn die Kollegen dabei zusehen. Aber für den Anfänger ist es ratsam, einen Platz aufzusuchen, an dem er für zwei bis drei Minuten ungestört sein kann. Dieses Problem muß jeder, seiner Arbeitssituation entsprechend, selbst zu regeln versuchen. Wenn Sie darüber nachdenken, finden Sie ganz bestimmt auch eine für Sie befriedigende Lösung.

Vor dem Schlafengehen
Das abendliche Training macht überhaupt keine Probleme.

AT vor dem
Einschlafen

Wenn Sie den Tag beschließen und ins Bett gegangen sind, sollte das letzte, das Sie vor dem Einschlafen tun, eben das Autogene Training sein. Wenn Sie gewohnt sind, vor dem Einschlafen noch zu lesen, dann führen Sie das Training nach beendeter Lektüre durch. Knipsen Sie dazu das Licht aus und legen Sie sich auf den Rücken. Dann können Sie sich, wenn Sie durch das Üben die richtige »Bettschwere« erreicht haben, gleich in Ihre Schlafhaltung hineindrehen.

Die Übungshaltungen

Die Übungen des Autogenen Trainings können sowohl im Liegen als auch im Sitzen durchgeführt werden. Während es nur eine optimale Liegehaltung gibt, die Rückenlage, kann man beim Sitzen zwei unterschiedliche Haltungen einnehmen: Die Sitzhaltung mit Anlehnen und die sogenannte »Droschkenkutscherhaltung«. Es ist wichtig, daß Sie im Laufe der Zeit alle drei Positionen gut einüben, denn damit schaffen Sie ja erst die Voraussetzung, das Autogene Training zu allen Tageszeiten und in allen Situationen einsetzen zu können.

Wenn Sie erst die Umschaltung, die das Wichtigste am Autogenen Training ist, richtig gelernt haben, werden Sie merken, daß es keine Rolle mehr spielt, in welcher der drei Haltungen Sie Ihre Übungen durchführen.

Die Liegehaltung

Ganz gelöst liegen

Legen Sie sich entspannt auf den Rücken, und zwar flach, nicht auf eine Seite, damit eine gewisse Symmetrie gewahrt bleibt. Bei dieser Liegehaltung, bei der auch die Beine lang ausgestreckt sind, drehen sich die Fußspitzen leicht nach außen (daran, daß seine Fußspitzen nach außen zeigen, kann man erkennen, daß ein auf dem Rücken liegender Mensch entspannt ist). Durch diese Fußstellung kommt es zu einer Entspannung der Muskulatur, vor allem der Beckenmuskulatur, was besonders wichtig ist. Die Arme liegen locker – also nicht in einer Habachtstellung, sondern ganz gelöst – auf der Seite, die Handinnenflächen auf der Unterlage. Der Kopf liegt entweder auf einem flachen Kopfkissen oder direkt auf der Unterlage, je nachdem wie man es gewöhnt ist. Wer ein Kopfkissen benutzt, sollte nur vermeiden, den Hinterkopf in das Kissen hineinzudrücken, da es dadurch zu Spannungen der Nackenmuskulatur kommt, was wiederum zu unangenehmen Levitationserlebnissen* führen kann. Der Blick ist geradeaus zur Decke gerichtet, die Augen sind geschlossen.

Die Sitzhaltungen

Normale Sitzhaltung

Bei der normalen Sitzhaltung setzen Sie sich bequem auf einen Sessel, vielleicht mit dem Gesäß ein wenig nach vorn, damit Sie wirklich gut entspannt und gelöst sitzen können, den Rücken an die Sessellehne gelehnt, die Knie etwas gestreckt, aber nur so viel, daß die Füße noch voll auf dem Boden stehen. Die Arme liegen auf den Armstützen auf, so daß auch die Armmuskulatur entspannt ist; der Kopf ist entspannt an der Lehne angelehnt. Falls Sie einen Stuhl benutzen: Rücken an der Stuhllehne anlehnen, die Arme entspannt auf die Oberschenkel legen, den Kopf leicht nach vorne beugen.

Eine andere Sitzhaltung, die man vor allem dann einnimmt, wenn nur eine Sitzgelegenheit ohne Rückenlehne zur Verfügung steht, ist die »Droschkenkutscherhaltung«. Man hat sie seinerzeit den Droschkenkutschern abgeschaut, die, auf Kunden wartend, auf ihrem Kutschbock saßen und ein Nickerchen machten. Obwohl sie keine Rückenlehne und auch keine anderen Anlehnmöglichkeiten hatten, fielen sie in dieser Haltung nicht vom

---

* Levitation = freies Schweben, Aufhebung der Schwerkraft.

Die Droschken-kutscherhaltung

Wagen herunter. Wenn Sie Ihre Übungen in der Droschkenkutscherhaltung machen wollen, sollten Sie folgende Sitzhaltung einnehmen: Sie rutschen auf den vorderen Teil der Sitzfläche und halten den Rücken zunächst gerade, dann lassen Sie sich langsam zusammensinken. Die Beine sind leicht gespreizt, die Füße mit ganzer Sohle auf dem Boden aufgesetzt, die Unterschenkel senkrecht. Die Arme liegen entspannt so auf den Oberschenkeln auf, daß die Hände nach innen herunterhängen, ohne einander zu berühren. Der Kopf ist bei gelöster Nackenmuskulatur nach vorne heruntergesenkt. Wenn Sie es richtig machen, werden Sie feststellen, daß Sie in dieser Haltung ganz gelöst sitzen, ohne einen Muskel anzuspannen.

Wichtig: Die Rücknahme

Der übende Weg zur Selbstversenkung, wie ich das Autogene Training gerne nenne, führt bei regelmäßigem Anwenden zu einer Veränderung der Bewußtseinslage des Übenden mit charakteristischen körperlichen »Umschaltvorgängen«, die noch genauer erklärt werden (→ Seite 34).

Nun wird es jedem Leser einleuchten, daß er aus dieser angenehmen, abgesenkten Bewußtseinslage nach ungefähr zwei Minuten am Ende der Übung auch zuverlässig wieder heraus muß. Hierzu dient die sogenannte Rücknahme, die in drei Schritten erfolgt:

So wird's gemacht

Erster Schritt: **Arme fest!**

Zweiter Schritt: **Tief ein- und ausatmen!**

Dritter Schritt: **Die Augen auf!**

»Arme fest«: Bei diesem Kommando, das Sie sich innerlich selbst erteilen, strecken Sie die Arme aus, ballen die Fäuste und ziehen die Arme wieder an den Körper heran. Diesen Vorgang wiederholen Sie mehrmals.

»Tief ein- und ausatmen«: Nach dem oben geschilderten Vorgang atmen Sie zwei- bis dreimal deutlich hörbar tief ein und aus.

»Die Augen auf«: Erst jetzt, auf dieses Kommando hin, öffnen Sie die Augen und stellen den Kontakt zur Umwelt wieder her.

Diese Art der Rücknahme wird am Ende jeder Übung vorgenommen und bleibt – unabhängig vom jeweiligen Übungsstand und der entsprechenden Konzentrationsformel – immer gleich. Von dieser Regel gibt es eine einzige Ausnahme: Abends, wenn Sie im Bett liegend eine Übung des Autogenen Trainings durchführen, nehmen Sie nicht zurück, sondern drehen sich nach etwa zwei Minuten in die Ihnen gewohnte Schlafhaltung hinein. So geht das Autogene Training unmerklich in den Schlaf über.

Die Rücknahme einüben!

Die Bedeutung eines kräftigen und konsequenten Zurücknehmens wurde von vielen Autoren unterstrichen und sei auch an dieser Stelle nochmals deutlich betont. Geschieht keine exakte und kräftige Rücknahme, so können Benommenheit und Müdigkeit zurückbleiben, die ja nun gerade das Gegenteil dessen sind, was Sie mit dem Autogenen Training anstreben.

Deshalb nun, bevor Sie weiterblättern und die ersten Übungen erlernen, sollten Sie die Rücknahme einige Male richtig einüben.

Die Übungen des Autogenen Trainings für jeden

Der Pendelversuch

Lassen Sie uns nun mit einem »Vorversuch« beginnen, der Ihnen den inneren Mechanismus, auf dem das Autogene Training beruht, anschaulich und verständlich machen soll.

Nehmen Sie einen etwa 20 bis 30 cm langen Faden, befestigen Sie an einem Ende einen Gegenstand, zum Beispiel einen Schlüssel, einen Siegelring oder ähnliches, halten Sie das andere Ende zwischen Daumen und Zeigefinger; der Arm ist dabei ausgestreckt und zeigt leicht nach oben. Nun beobachten Sie Ihr »Pendel« und konzentrieren innerlich:

Das Pendel schwingt von rechts nach links

Diese Konzentration wiederholen Sie mehrmals. Sobald das Pendel zu schwingen begonnen hat, bringen Sie es wieder zur Ruhe und konzentrieren, wiederum mehrmals:

Das Pendel schwingt von vorne nach hinten – immer stärker von vorne nach hinten

Sobald auch dies erfolgte, konzentrieren Sie abschließend mehrmals:

Das Pendel schwingt im Kreis

Wenn Sie richtig konzentriert haben, muß das Pendel in der gewünschten Bewegung zu schwingen beginnen. – Lesen Sie bitte erst weiter, wenn Sie den Versuch – erfolgreich – durchgeführt haben.

Folgende Schlußfolgerungen lassen sich aus dem von Ihnen soeben durchgeführten Pendelversuch* ziehen: Ein genügend intensiv oder lange festgehaltener Gedanke, eine Konzentration

---

* Pendelversuch nach Chevreuil.

oder Sammlung bewirken eine deutliche körperliche Bewegung, deren Auslösung unbemerkt erfolgt und die unwillkürlich bleibt.

Wir können also festhalten:
- »Reines Denken« ist im Körpergeschehen wirksam.
- Jeder Mensch liefert gesetzmäßig Reaktionen, die seiner bewußten Kontrolle entzogen sind.
- Diese unbewußten, unwillkürlichen Reaktionen sind durch geistige Konzentrationen lenkbar.

Körperliche   Das Autogene Training beruht ganz wesentlich auf diesem ersten
Reaktion durch   psychobiologischen Grundgesetz, daß nämlich ein Gedanke, ein
Konzentration   Gefühl oder eine Konzentration die Tendenz haben, sich im Körper auszuwirken. Die konzentrative Selbstentspannung wirkt auf Muskulatur und Gefäßsystem des Körpers ein. Zudem kommt es außer zur Entspannung der Körpermuskulatur und des Gefäßsystems auch zu einer Veränderung in seelischen Bereichen, weshalb ich das Autogene Training auch lieber eine konzentrative Selbstversenkung nenne.

Die Ruhe-Konzentration

Diese Entspannung oder Selbstversenkung wollen wir nun konzentrieren. Sie besteht darin, daß Sie zunächst eine Ruhe-Konzentration einstellen, das heißt, Sie konzentrieren – und ich bitte Sie, dies wörtlich zu nehmen, so wie ich es sage:
»Ich **bin** ganz ruhig.«
Also nicht, »ich **werde** ganz ruhig«; denn das ist ja eine auf die Zukunft bezogene Konzentration, die hat man dann vielleicht erst morgen. Den Zustand, den man jetzt erreichen will, muß man sich als gegenwärtig vorstellen, und deshalb muß auch die Konzentration – im Präsens – lauten:

Ich bin ganz ruhig

Durch die Konzentration dieser Formel wird zweierlei erreicht:
- eine allgemeine atmosphärische Einstimmung, die sich deutlich von allen Aktivitäten außerhalb der Übung unterscheidet,
- eine innere Ruhe, Entspannung und Sammlung.

Die Schwere-Übung

Da diese innere Ruhetönung am Anfang noch wenig konkret und faßbar ist, sollte sie niemals für sich allein geübt werden, sondern immer im Zusammenhang mit dem ersten Teil der nachfolgenden Schwere-Übung, der sich auf den Ich-nahen Arm bezieht. Der Ich-nahe Arm ist für den Rechtshänder der rechte Arm, für den Linkshänder der linke Arm.

Die nächste Konzentration lautet also:

Mein rechter (linker) Arm ist schwer

Somit heißen die beiden Formeln, mit denen das Autogene Training beginnt:

Ich bin ganz ruhig – mein rechter (linker) Arm ist schwer

Diesen beiden Konzentrationen geben Sie sich jetzt für etwa zwei Minuten hin und beenden nach dieser Zeit die Übung wieder, indem Sie sie *zurücknehmen,* wie Sie es im Kapitel über die Rücknahme (→ Seite 16) gelernt haben; geben Sie sich also die Kommandos:

Arme fest!

Tief ein- und ausatmen!

Die Augen auf!

Wie Sie die Übung erleben – was Sie dabei empfinden

Voraussetzung: 3x täglich üben

Nach ein paar Tagen werden Sie gewisse Veränderungen bei sich feststellen – dies gilt natürlich nur, wenn Sie regelmäßig, also dreimal täglich, geübt haben. So wird sich beispielsweise das innere Vorsprechen verändert haben. Sie werden sich jetzt die Formeln sehr viel ruhiger, langsamer und monotoner vorsprechen, das heißt, Sie werden Ihren Eigenrhythmus gefunden haben. Gerade die Monotonie ist eine ganz besonders wichtige Voraussetzung, um zu körperlich-seelischen Umschaltungsphänomenen zu gelangen. Wer schon einmal archaische Ekstasetechniken, vielleicht im Fernsehen, verfolgen konnte, der weiß, zu welchen intensiven Bewußtseinsveränderungen Monotonie und Rhythmisierung führen können. Ähnliches ist auch von musikalischen Monotonien, beispielsweise von den Kulttänzen der afrikanischen Eingeborenen, bekannt. Ein weiterer psychologischer Faktor, der sich bei regelmäßigem Üben nun bei Ihnen einstellt, wird als »Einengung des Bewußtseinsfeldes« oder auch »innere Sammlung« bezeichnet. Durch die Konzentration der Gedanken auf den rechten beziehungsweise linken Arm kommt es bald zu feststellbaren Veränderungen des Denkens selbst, wie es auch von verschiedenen Meditationspraktiken bekannt ist.

Abblendung äußerer Reize

Dieser Vorgang läßt sich mit Hilfe eines Beispiels sehr anschaulich verdeutlichen: Stellen Sie sich eine hell erleuchtete Bühne vor, auf der Sie verschiedene Requisiten wie Möbel, Teppiche, Bilder, Wände gleichmäßig verteilt sehen. Allmählich wird die Bühne nun immer mehr abgedunkelt, mit Ausnahme eines einzigen hellen Punktscheinwerfers, der einen Gegenstand in der Mitte der Bühne erhellt. Zum Schluß sind alle an den Seiten und im Hintergrund der Bühne befindlichen Requisiten völlig im Dunkeln verschwunden, Sie sehen nur noch den in der Mitte angestrahlten Gegenstand. Ähnliches geschieht beim Autogenen Training durch die allmähliche Abschaltung und Abblendung äußerer Reize, während sich das Bewußtsein gleichzeitig auf einen einzigen Ausschnitt konzentriert, der – wie im angeführten Beispiel – nun wie vom Scheinwerferlicht hell beleuchtet erscheint. Man spricht deshalb von einem sogenannten »überwachen Bewußtseinskern«.

Beim gegenwärtigen Stand der Übungen ist dieser überwache Bewußtseinskern das Schwereerlebnis der Muskelentspannung im rechten beziehungsweise linken Arm.

An *psychologischen Befunden* und Ergebnissen des bisherigen Übens lassen sich folgende zusammenfassen: Es entsteht eine angenehme Müdigkeit, eine leichte Schläfrigkeit, ein zunehmendes Abblenden von Außenreizen bei immer besser gelingender Konzentration auf die zu übende Formel.

Positive Begleiterscheinungen

Körperliche Begleiterscheinungen: Als Vorboten und normale Begleiterscheinungen des beginnenden Schwereerlebnisses stellen sich folgende Phänomene ein: Ein leichtes Kribbeln in den Fingern des Übungsarmes, ein Ziehen im Unterarm oder im Ellenbogen oder in der Schulter, das Gefühl einer Volumenvermehrung der Hand und des Unterarmes, das Gefühl des Ameisenlaufens im Übungsarm (Parästhesien). In seltenen Fällen kommt es bereits jetzt zu einem begleitenden Wärmegefühl im Arm, dem jedoch noch keine Bedeutung beigemessen werden sollte. Als weitere Begleitphänomene müssen gesehen werden: Eine vermehrte Speichelbildung im Mund mit Schluckreflex, ein verstärktes Vibrieren der Augenlider und ein vermehrtes Auftreten von Darmgeräuschen. Selbst wenn Sie eine Schwere im Arm noch nicht eindeutig verspüren, jedoch einige der angeführten Begleiterscheinungen auftreten, so dürfen Sie mit Sicherheit annehmen, auf dem richtigen Weg zu sein.

Was geschieht im Körper?

Beim Nervensystem des Menschen unterscheidet man das *Zentralnervensystem* (Gehirn und Rückenmark, verbunden mit dem peripheren Nervensystem) vom *vegetativen oder autonomen Nervensystem.*

Das Zentralnervensystem verarbeitet unter anderem die Reize der Außenwelt und verbindet so Körper und Umwelt; das vegetative Nervensystem reguliert vor allem Atmung, Blutkreislauf, Stoffwechsel, Wärme- und Wasserhaushalt des Körpers – und das auch ohne Bewußtsein und Willen des Menschen (zum Beispiel bei Bewußtlosigkeit). Deshalb nennt man es auch *autonom* = selbständig.

Wirkung auf das Nervensystem

Die beiden gegensätzlich wirkenden Komponenten des vegetativen Nervensystems sind *Sympathikus* und *Parasympathikus.* In Phasen der Arbeit, der Anspannung sowie der Leistungsbereitschaft überwiegt der vom Sympathikus gesteuerte Anteil des vegetativen Nervensystems, dagegen werden Phasen der Ruhe, der Erholung, der Regeneration, der Verdauung und der Ausscheidung vom parasympathischen Anteil des vegetativen Nervensystems bestimmt. Diese Vorgänge sind, wie schon gesagt, normalerweise dem menschlichen Willen nicht unterworfen. Hier setzt nun die Wirkung des Autogenen Trainings ein. Durch Training, das heißt durch immer wiederkehrendes regelmäßiges Üben, gelingt es allmählich, beispielsweise auf den Spannungszustand der Muskulatur einzuwirken (→ Pendelversuch Seite 18). Dabei werden immer mehr Muskelfasern entspannt, die ihrerseits wiederum diesen Zustand der Entspannung über nervale Impulse bestimmten Hirnregionen mitteilen (zentripetale Weckreaktionen). Dies führt, sehr vereinfacht ausgedrückt, nun wiederum dazu, daß die in den betreffenden Hirnregionen zentral

Effekt der Muskelentspannung

zusammengefaßten Funktionen von der Entspannung mit erfaßt werden, was letztlich zu einer Entspannung auch anderer Muskelgruppen sowie der Darm- und Gefäßmuskulatur führt. Die so zustande gekommene Verminderung des Spannungszustandes der gesamten Muskulatur (Muskeltonus) läßt sich hierdurch ebenso erklären wie die Herabsetzung des allgemeinen Wachheitsgrades (Vigilanz). Diese Phänomene wurden mit naturwissenschaftlich exakten Methoden* in vielen Fällen zweifelsfrei nachgewiesen.

---

* Die naturwissenschaftlich exakten Methoden sind das EMG = Elektromyogramm (= Aufzeichnung des Verlaufs der Aktionsströme der Muskeln) und das EEG = Elektroenzephalogramm (= Aufzeichnung des Verlaufs der Hirnaktionsströme).

Als Ergebnis bleibt festzuhalten, daß durch das Autogene Training ein gewisser Einfluß auf zuvor unwillkürlich ablaufende Vorgänge im vegetativen Nervensystem ausgeübt wird. Es kommt dabei im wesentlichen zu einem allmählichen Überwiegen des parasympathischen Anteils im vegetativen Nervensystem mit allen daraus ableitbaren körperlichen Folgezuständen.

Dies sind im einzelnen: Pupillenverengung, Blutdrucksenkung, Atmungsverlangsamung, Speichelfluß sowie die Senkung des Spannungszustandes im Skelettmuskelsystem. Weiterhin konnte ein Absinken der »Kerntemperatur« (Rektaltemperatur) sowie ein Anstieg der Hauttemperatur und eine Verringerung des Atemminutenvolumens nachgewiesen werden.

Mögliche Schwierigkeiten – Hilfen

Die folgenden Abschnitte sind nur für jene Leser gedacht, bei denen sich die Schwere im rechten beziehungsweise linken Arm trotz regelmäßigen intensiven Übens nicht eingestellt hat. Alle anderen können diese Abschnitte überspringen.

Eines der am häufigsten auftretenden Hindernisse beim Herbeiführen des Schwereerlebnisses liegt in der skeptisch kritischen Haltung des Übenden begründet. Sie wird häufig formuliert in der Frage:

»Ist das nicht alles nur Einbildung?«

Abgesehen von der theoretischen Widerlegung dieser Auffassung, muß in diesem Zusammenhang an den bereits beschriebenen Pendelversuch erinnert werden (→ Seite 18). Sie sollten diesen Versuch noch einmal genau nach den Anweisungen durchführen. Sofern er gelingt, dürfte die Frage beantwortet sein. Gelingt der Pendelversuch nicht, so wäre zu klären, was Sie wirklich konzentriert haben. Dabei werden häufig fehlerhafte Einstellungen sichtbar. So zum Beispiel die Konzentration: Das Pendel *soll* sich bewegen, oder Sie denken, das Pendel *wird* sich gleich bewegen. Analog hierzu könnte ein Fehler in der Schwerekonzentration darin bestehen, daß Sie sagen: Der Arm *wird* schwer, oder der Arm *soll* schwer *werden*. Richtig dagegen ist es zu konzentrieren: Der Arm *ist* schwer beziehungsweise das Pendel *bewegt sich*. Damit wird der Erfolg der Konzentration bereits vorweggenommen, was sich als unabdingbare Voraussetzung erwiesen hat.

Ursache: Fehlerhafte Einstellungen

Ein anderer Versuch, der augenfällig die »Gewalt der Gedanken« * nachweist, ist der sogenannte Fallversuch: Sie stellen sich so vor einen Lehnstuhl, als ob Sie sich setzen wollten, bleiben jedoch stehen, ohne ihn zu berühren, schließen die Augen und denken: »Ich falle nach hinten.« Erneut werden Sie feststellen können, wie dieser Gedanke im Körper, das heißt in der Muskulatur, wirksam wird. Es kommt zu einem leichten Schwanken nach hinten, das meist durch eine Gegenbewegung, ein Schwanken nach vorne, wieder ausgeglichen wird. In seltenen Fällen

---

* E. Coué.

gerät die Schwankung nach hinten so deutlich, daß sich die Versuchsperson spontan in den Sessel setzt.

Pendel- und Fallversuch sind beide gleichermaßen geeignet, das dem Autogenen Training zugrundeliegende wichtigste Prinzip deutlich zu machen – die Möglichkeit nämlich, durch Gedanken unwillkürliche und zunächst unbemerkte körperliche Reaktionen in Gang zu setzen.

»Ich hatte das Schweregefühl im anderen Arm.«

Ursache:
Linkshänder

Hin und wieder erleben Übende bei der Konzentration »rechter Arm schwer« ein Schweregefühl im linken Arm. Diese Menschen sind meist »verkappte Linkshänder«; ursprünglich Linkshänder, wurden sie während der Kindheit zu Rechtshändern umzogen, jedoch ohne daß die Dominanz des linken Armes ganz ausgelöscht werden konnte – wie das Autogene Training in diesen Fällen eindrucksvoll beweist. Diesen Übenden sei empfohlen, von nun an zu konzentrieren: »Ich bin ganz ruhig, beide Arme schwer.«

»Ich hatte Muskelkater nach der Übung.«

Ursache:
Falsche Sitz-
haltung

Wenn Muskelkater auftritt, besteht der Fehler meistens darin, daß der Übende aktiv bemüht ist, den Arm schwer zu machen, und dadurch eine Spannung in Gang setzt, die nach der Übung unter Umständen als Muskelkater empfunden wird. Es sollte also darauf geachtet werden, daß der angesprochene Arm nicht aktiv durch Anspannung von Muskeln nach unten gedrückt wird. Eine weitere mögliche Fehlerquelle könnte eine mangelhafte Sitzhaltung sein. Ein nochmaliges Durchlesen der entsprechenden Beschreibungen (→ Seite 14) wird hier Abhilfe schaffen.

»Ich habe das Gefühl, daß mein Nacken verspannt ist.«

Halten Sie den
Kopf senkrecht

Gelegentlich treten, wenn die Übung im Sitzen durchgeführt wird, Spannungen im Nacken auf. Das rührt meist daher, daß der Kopf zu weit nach vorne heruntersinkt, wodurch sich die Nackenmuskulatur anspannt. Es gibt ja Menschen, die einen gedrungenen, das heißt eher breitwüchsigen Körperbau haben und dann auch einen entsprechend kurzen Hals, und solche, die langwüchsig sind und dann eher einen langen Hals haben.

Abhilfe kann dadurch geschaffen werden, daß man mit dem Gesäß noch etwas weiter nach vorne rutscht, so daß der Kopf nicht so leicht nach vorne fällt. Wird das Spannungsgefühl dadurch immer noch nicht verringert oder aufgehoben, dann halte man den Kopf senkrecht. (Das ist ja die Form, in der die meisten asiatischen Versenkungsmethoden durchgeführt werden.)

»Mir ist während der Übung schwindlig geworden.«

Derartige Reaktionen treten, wenn auch selten, manchmal zu Anfang der Übungen auf. Meist beruhen sie darauf, daß die Übung zu lange durchgeführt wurde. Bitte also in solchen Fällen besonders darauf achten, die Übungen nicht länger als etwa zwei Minuten durchzuführen.

Der Organismus braucht die Möglichkeit zur Ruhigstellung; das bedeutet, daß das ganze vegetative Nervensystem von Aktivität auf Passivität oder Entspannung umgeschaltet wird – und das kann mit Nebenreaktionen wie zum Beispiel Schwindel verbunden sein. Sofern Sie sich an die Übungsdauer von etwa zwei Minuten halten, sind diese Schwindelerscheinungen jedoch bald vorbei. Sollten sich wider Erwarten jedoch einmal stärkere Schwindelerscheinungen zeigen, so ist dies durch eine Flachlagerung des Körpers bei Hochlagern der Beine sehr schnell behoben.

Ursache:
Mangelhafte
Rücknahme

»Im Übungsarm ist ein unangenehmes Schweregefühl zurückgeblieben.«
Diese nicht ganz seltene Erscheinung geht fast immer auf eine mangelhafte Rücknahme der Übung zurück. Deswegen bitte beachten: Ganz kräftig in drei Schritten konsequent zurücknehmen und erst ganz am Ende die Augen öffnen.

Das vorzeitige Öffnen der Augen ist einer der häufigsten Fehler, die Übende am Anfang machen. Dies mag ein natürlicher, fast reflexartiger Vorgang sein, der jedoch beim Abschluß der Übungen bewußt zu vermeiden ist. (Rücknahme → Seite 16.) Ansonsten ist das Bestehenbleiben eines anfangs lästigen Gefühls im Übungsarm nicht von Bedeutung, da es sich entweder von alleine verliert oder durch eine erneute, noch konsequentere Rücknahme zum Verschwinden gebracht werden kann.

Harmlose
Erscheinungen

»Ich bin während der Übung eingeschlafen.«
Hierbei handelt es sich um einen keineswegs als negativ zu beurteilenden Vorgang. Ich habe Ihnen ja schon erklärt, daß der Zustand während des Autogenen Trainings mit einer gewissen Müdigkeit und Schläfrigkeit gekoppelt ist, die bei der abendlichen Übung sogar zwanglos in den Schlaf übergehen. Sollte das Einschlafen jedoch als störend empfunden werden, wenn es beispielsweise gleich zu Beginn der Übung erfolgt, so schafft in der Regel der vor der Übung gefaßte Vorsatz: »Ich führe meine Übung konsequent bis zu Ende durch« leicht Abhilfe.

»Im Übungsarm ist außer der Schwere auch ein Wärmegefühl aufgetreten.«
Das vorzeitige Auftreten eines Wärmegefühls im Übungsarm ist eine Begleiterscheinung, die durchaus auftritt und physiologisch zu erklären ist. Dennoch ist es zu diesem Zeitpunkt besser, die Wärme nicht weiter zu beachten und sich ganz speziell auf die Schwere zu konzentrieren. Das Erlernen des Autogenen Trainings wird gerade in der Anfangsphase durch eine derartige, in kleine Schritte gegliederte Vorgehensweise erleichtert.

»Das Schweregefühl hat sich bereits jetzt über den ganzen Körper ausgebreitet.«
Dieses als überstürzte Generalisation zu bezeichnende Phänomen tritt vor allem bei sportlich durchtrainierten Menschen auf. Hier ist zu raten, die Übung ganz langsam und Schritt für Schritt aufzubauen – so wird das (meditative) Denken durch die Übung noch besser geschult.

Andererseits sollten gerade sehr gewissenhafte Menschen in der Übung weiter fortfahren, auch wenn sie noch nicht das Gefühl einer bereits hundertprozentigen Schwererealisation im Arm haben.

»Ich habe Konzentrationsschwierigkeiten, meine Gedanken wandern immer wieder ab.«

Hier hilft: Öfter, aber kürzer üben

Auf diese außerordentlich häufige Schwierigkeit möchte ich zuletzt hinweisen. Ihr ist einmal dadurch zu begegnen, daß die Übung tatsächlich nicht länger als zwei Minuten ausgedehnt wird, selbst wenn in dieser Zeit noch keine Schwererealisation verspürt wird. Es ist besser, häufiger, aber kurz zu üben, als sich mit seltenen längeren Übungen zu übernehmen. Sollte diese Maßnahme noch nicht den gewünschten Erfolg bringen, so bieten sich hierfür besonders die beiden Hilfestellungen an, die unten ausführlich beschrieben sind.

Keine bildhaften Vorstellungen benutzen!

Nicht richtig ist es, wenn sich Anfänger während der Übung beispielsweise eine grüne Wiese oder einen Südseestrand in allen Einzelheiten vorstellen. Zwar ist auch hierdurch ein angenehmer Zustand von Entspannung zu erzielen, letztlich läuft diese Vorgehensweise jedoch der Absicht des Autogenen Trainings zuwider, die Fähigkeit zu einer schnellen körperlichen und seelischen Umschaltung zu entwickeln.

Hilfestellungen für den Anfänger

Zwei Hilfestellungen will ich Ihnen noch geben; die eine bezieht sich auf unsere *Sinnesorgane*, die andere auf die *Atmung*.

Optische, akustische, motorische Orientierung

Zu welcher Gruppe gehören Sie?

Hinsichtlich der Sinnesorgane sind wir Menschen ja unterschiedlich »begabt«. Es gibt Menschen, die überwiegend optisch orientiert sind, andere, die akustisch orientiert sind, und manche, die mehr motorisch orientiert sind. Zu welcher Gruppe Sie gehören, finden Sie am ehesten heraus, wenn Sie sich fragen, wie Sie einen Text am besten verstehen. Können Sie den Inhalt am leichtesten durch Lesen aufnehmen, dann gehören Sie zu der Gruppe der optisch orientierten Menschen. Bleibt bei Ihnen das gehörte und gesprochene Wort besser haften, so sind Sie in die Gruppe der akustisch orientierten einzuordnen; meistens sind das Menschen, die eine engere Beziehung zur Musik haben. Wenn Sie sich keiner dieser beiden Gruppen zuordnen können, dagegen eher lebhaft und spontan sind mit einem gewissen Bewegungsdrang, so sind Sie wohl vorwiegend motorisch orientiert.

Für die optisch orientierten Menschen gilt, daß sie die zu konzentrierende Formel vor ihrem geistigen Auge geschrieben sehen und sie Wort für Wort ablesen. Dadurch erreichen sie eine Verbesserung ihrer Konzentrationsfähigkeit. Akustisch orientierte Menschen können sich dadurch besser konzentrieren, daß sie sich die Formel gesprochen vorstellen und ihr innerlich zuhören. Und motorisch orientierte Menschen schließlich stellen sich vor, die Formeln während des Übens selbst auf eine Wandtafel oder auf ein Blatt Papier zu schreiben und dabei mitzulesen. Dadurch werden die Konzentrationen für sie etwas anschaulicher, und sie können in Ruhe die Gedanken auf das fixieren, was sie konzentrieren wollen.

Hilfestellung Ausatmungsverstärkung

Eine andere Möglichkeit, besser in den Versenkungszustand hineinzukommen, bietet eine spezielle Atemübung. Wie wir alle wissen, besteht die Atmung aus zwei Phasen, einer *Einatmungsphase* und einer *Ausatmungsphase*. Die Einatmung ist ein aktiver Vorgang der Muskulatur: Sie hebt den Brustkorb, spannt unter anderen die Halsmuskeln und die Zwischenrippenmuskeln an, ebenso das Zwerchfell, wodurch sich der Brustkorb weitet und Luft in die Lungen einströmt. Dagegen ist die Ausatmung ein passiver Vorgang, bei dem die Spannung, die von der Einatmung noch in der Muskulatur vorhanden ist, allmählich verringert wird; dabei strömt der Atem wie von selbst wieder hinaus. Diesem passiven Vorgang nun sollten Sie sich bewußt hingeben.

Es ist sicher einleuchtend, daß eine Formel, die auf Entspannung abzielt, deutlicher erlebt und umgesetzt wird, wenn sie in den passiven Ausatmungsvorgang hineinkonzentriert wird. Dies nennen wir die *Ausatmungsverstärkung*.

Bewußt ein- und ausatmen

Dabei gehen Sie folgendermaßen vor: Sie nehmen die Ausgangshaltung ein, schließen die Augen und atmen einige Male bewußt ein und aus, wobei Sie das Ausströmen des Atems als besonders angenehm und entspannend erleben. Haben Sie nach einer Weile das Gefühl, gleichmäßig und ruhig zu atmen – harmonisch mit der Atmung zu »schwingen« –, dann konzentrieren Sie die Formel in den Atmungsvorgang hinein, und zwar so, daß ihr erster Teil in die Einatmungsphase fällt, ihr zweiter in die Ausatmungsphase.

Das heißt also: Während der Einatmung konzentrieren Sie: »Ich bin«, während der Ausatmung: »ganz ruhig«. Das gleiche setzen Sie mit der Schwereübung fort. Während der Einatmung konzentrieren Sie: »rechter Arm«, während der Ausatmung »schwer«.

Mit diesen beiden Hilfestellungen wird es den meisten Übenden gelingen, ein Schwereerlebnis im rechten (linken) Arm zu realisieren. (Die Übung von Beginn an auf den ganzen Körper auszudehnen, wäre falsch, da ja gerade die Beschränkung auf einen Körperteil die Konzentration wesentlich erleichtert und die Auswirkungen im Körper schneller und zuverlässiger eintreten läßt.)

Nicht vergessen:
3x täglich
zwei Minuten!

Üben Sie nunmehr wie oben beschrieben mindestens dreimal täglich etwa zwei bis drei Minuten in der gelernten Sitz- oder Liegehaltung. Die Übungen im Sitzen werden durch ein kräftiges und konsequentes Zurücknehmen (→ Seite 16) beendet, während die Übungen im Liegen – abends im Bett durchgeführt – ohne Rücknahme allmählich in den Schlaf übergehen.

Für den Anfang hat es sich bewährt, ein ruhiges, eventuell leicht abgedunkeltes, nicht zu warmes Zimmer zum Üben zu wählen. Neueste Untersuchungen haben gezeigt, daß gerade für den Anfänger die Zeit nach dem Mittagessen und in den frühen Abendstunden für das Training am besten geeignet ist.

Die Ausbreitung des Schwereerlebnisses

Nachdem die Übenden Schwereerlebnisse in einem Arm wahrgenommen haben, kommt es bei vielen sehr bald, bei einigen etwas verzögerter zu einer Ausbreitung dieses Schwereerlebnisses. Dabei unterscheiden wir zwei Typen: Einen Quertyp und den etwas selteneren Längstyp.

Quertyp und
Längstyp

Beim Quertyp kommt es zum Schwereerlebnis auch in dem anderen Arm, beim Rechtshänder also im linken und beim Linkshänder im rechten Arm. Beim Längstyp kommt es zu Schwereerlebnissen, die sich vom Arm auf die ganze entsprechende Körperseite ausbreiten, danach von der einen auf die andere Seite, bis sie schließlich auf den ganzen Körper übergreifen.

Sobald also jemand ein Schweregefühl nicht nur im Übungsarm, sondern auch im anderen Arm erlebt, möge er konzentrieren:

Ich bin ganz ruhig – beide Arme schwer

Das Wörtchen »sind« ist nun bereits entbehrlich.

Sollte jemand das Schweregefühl nicht nur im Übungsarm, sondern auch im Bein der gleichen Körperseite wahrnehmen, möge er konzentrieren:

Ich bin ganz ruhig – rechte (linke) Seite schwer

Die Ausbreitung des Schwereerlebnisses auf andere Körperteile nennen wir *Generalisation*. Sie beruht darauf, daß jede Teilentspannung die Tendenz hat, sich auf andere Körperteile auszubreiten – dies ist das zweite psychobiologische Grundgesetz.

Bei regelmäßigem Training wird es demgemäß nach einigen Tagen zu einer immer deutlicher erkennbaren Ausbreitung des Schwereerlebnisses kommen. Es umfaßt bei Quertypen nunmehr auch die Beine, bei Längstypen auch die andere Körperseite. In der Folge wird dem Rechnung getragen mit der Formel:

Ich bin ganz ruhig – Arme und Beine schwer

Ich möchte hier noch einmal daran erinnern, daß die jeweiligen Formeln langsam und monoton innerlich vorgesprochen werden sollen, jedoch nicht länger als ungefähr zwei Minuten. Auch bei sich verändernden Formeln bleibt der Rücknahmevorgang immer in der bereits beschriebenen Weise gleich (→ Seite 16). Je mehr Sie die Umschaltungsvorgänge körperlich spüren, um so nachdrücklicher müssen Sie den Rücknahmevorgang durchführen.

Die Ruhe-Schwere-Konzentration

Bei weiterem regelmäßigem Üben stellt sich immer schneller und zuverlässiger dieses angenehme Schweregefühl im ganzen Körper ein. Dies kann bei manchen Menschen schon nach wenigen Tagen der Fall sein, bei anderen wieder dauert es Wochen, bis es soweit ist. In der Folgezeit können Sie die Formel weiter reduzieren auf:

Ruhe – Schwere

Diese Formulierung genügt als Signalreiz, um die bereits erlernten Umschaltungsvorgänge auszulösen. Ein solches Zusammenfassen der Konzentrationen hat sich außerordentlich bewährt, auch alle nachfolgenden Formeln können kurz und prägnant eingebaut werden.

Hiermit ist der erste Schritt zur Selbstversenkung getan, und es ist nunmehr möglich, zum zweiten Schritt überzugehen.

Die Wärme-Übung

Beeinflussung des Gefäßystems

Nachdem auf die Konzentration Ruhe – Schwere eine Gesamtumschaltung im ganzen Körper erfolgt ist, kommen wir nun zur
Wärme-Übung.

Was bedeutet »Wärme-Übung«? Der Mensch ist – im Gegen-
satz zu manchen Tieren, beispielsweise den Reptilien – ein We-
sen, dessen Körpertemperatur stets gleichbleibend ist; alle Orga-
ne können nur dann reibungslos funktionieren, wenn die Körpertemperatur konstant bei etwa 37 Grad Celsius liegt.

Wie ist das möglich bei dem dauernden Verlust von Wärme
nach außen und der von Stoffwechselvorgängen und körperlicher
Aktivität abhängigen Wärmeproduktion im Körper?

Kälte-Wärme-
Regulation
unseres Körpers

Es ist Aufgabe unseres Kreislaufs, dafür zu sorgen, daß dieser
dauernde Wechsel weder zur Auskühlung noch zur Überwär-
mung unseres Körpers führt. Unendlich viele kleine und kleinste
Blutgefäße durchziehen wie ein dichtes Netz unsere Haut an der
Oberfläche und in der Tiefe. Sie haben die Fähigkeit, ihr Volumen zu verändern: In warmer Umgebung erweitern sie sich, so
wird Wärme nach außen abgegeben, in kalter Umgebung veren-
gen sie sich, so wird die Wärme im Körper zurückgehalten.
Dieser sehr empfindlich reagierende Mechanismus wird reguliert
vom vegetativen (autonomen) Nervensystem, ein bewußter, ein
willkürlicher Einfluß auf diese Regulationsvorgänge ist nicht
möglich.

Training
durch ständige
Reize

Das Gefäßsystem kann seine für uns lebensnotwendige Aufgabe nur erfüllen, wenn es seine Flexibilität behält, wenn es bean-
sprucht, wenn es trainiert wird durch ständige Reize wie dem
raschen Wechsel der Außentemperatur und körperliche Aktivität. Weil wir aber in geheizten oder klimatisierten Räumen leben,
uns bei Kälte durch wärmende Kleidung schützen und weil wir
uns wenig bewegen, bieten wir dem feingesteuerten System
»Kreislauf« nur wenige der für sein Funktionieren wichtigen
Reize an.

Hier nun bietet uns das Autogene Training eine Hilfe: Es ist
aufgrund seiner Wirkung auf das vegetative Nervensystem (→
Seite 22) in der Lage, auch das Gefäßsystem – vor allem an
Armen, Händen, Beinen, Füßen – zu beeinflussen und damit die
Wärmeregulation unseres ganzen Körpers.

Wir alle wissen, daß Gemütsbewegungen mit Veränderungen
der Gefäße verbunden sind – so führt zum Beispiel Scham zum
Erröten, einer Weitstellung der Gefäße der Gesichtshaut, und
Angst zum Erblassen, einer Engstellung derselben Gefäße. Hier

werden also auch, wie wir bereits beim Pendelversuch und bei der Muskelentspannung eindrucksvoll sahen (→ Seite 18 und 22), mit Hilfe von Gedanken oder Konzentrationen körperliche Veränderungen herbeigeführt.

Die Ruhe-Schwere-Wärme-Konzentration

So wie wir uns bei der Schwere-Übung einer Schwere-Vorstellung hingeben, um eine Entspannung der Muskulatur zu erreichen, so müssen wir bei der Wärme-Übung eine Wärme-Konzentration durchführen, um eine Veränderung des Gefäßsystems zu erreichen. Wir benützen also zunächst einmal das Bild »Wärme«, auf das wir uns konzentrieren, um durch die Empfindung der Wärme die Blutgefäße zu beeinflussen. Da die Regulation des Wärmehaushalts besonders über die Veränderung (Eng- und Weitstellung) der kleinen Gefäße an der Körperperipherie erfolgt, können wir durch Wärme-Konzentration die Gefäßweite zunächst an den Armen und später auch an den Beinen beeinflussen.

Das geschieht folgendermaßen: Sie nehmen die Ausgangshaltung ein, konzentrieren »Ruhe, Schwere« und fahren dann fort:

Rechter (linker) Arm warm

Die Formel lautet also im Ganzen:

Ruhe – Schwere – rechter (linker) Arm warm

Die Konzentration der Wärme kann verstärkt werden durch den Zusatz »strömend warm«.

Nach einigen Tagen regelmäßigen Übens wird sich ein angenehmes Wärmegefühl allmählich über den ganzen Arm ausdehnen. Oft geht dies von der Ellenbogen-Unterarm-Region aus, manchmal auch von der Hand. Schneller als bei der Schwere-Übung kommt es zu einer Ausbreitung des Wärmegefühls auf den anderen Arm (beim Quertyp) oder auf das Bein (beim Längstyp). Deshalb können Sie schon bald zu folgender Formel übergehen:

Ruhe – Schwere – beide Arme warm

oder

Ruhe – Schwere – rechte (linke) Seite warm

Sobald dieser Zustand erreicht ist, können Sie übergehen zu der Formel:

Ruhe – Schwere – Arme und Beine warm

Beim Üben bitte die *Rücknahme* nicht vergessen!

Was geschieht im Körper?

Das Herz und die Blutgefäße – Arterien, Kapillaren (kleine und kleinste Blutgefäße: Haargefäße) und Venen – sorgen für die Verteilung des Blutes in den Organen und in der Körperperipherie sowie für seinen Rückstrom zum Herzen. Den jeweiligen Bedürfnissen des Körpers entsprechend wird die Verteilung des Blutes durch das autonome (vegetative) Nervensystem gesteuert. Dies geschieht, wie zu Anfang dieses Kapitels schon kurz erklärt, durch eine Weitstellung der Gefäße in den Gebieten, in denen gerade ein höherer Bedarf an Blut besteht, bei gleichzeitiger Engstellung der Gefäße in anderen Körperregionen. Die Muskulatur in den Gefäßwänden der Arterien und kleine Ringmuskeln an den Abzweigungen der Kapillaren reagieren auf Reize des Sympathikus mit einer Engstellung beziehungsweise mit dem Zusammenziehen. Vereinfacht ausgedrückt: Ein Überwiegen der sympathischen Aktivität des vegetativen Nervensystems (erhöhter Sympathikotonus) stellt die Gefäße eng und führt somit zu einem geringen Blutdurchfluß, eine Verminderung der sympathischen Aktivität (erniedrigter Sympathikotonus) dagegen führt zu einer Weitstellung der Gefäße mit einer besseren Durchblutung des entsprechenden Körpergebietes. Wie bereits erklärt (→ Seite 22), besteht der wichtigste Mechanismus beim Autogenen Training in einer Veränderung des Gleichgewichts im vegetativen Nervensystem zugunsten des Parasympathikus. Dies zeigt sich besonders deutlich durch eine Weitstellung der Gefäße in der Körperperipherie (Hände, Arme, Beine), da hier eine besonders reiche Gefäßversorgung vorliegt. Dies erklärt den von vielen Forschern exakt nachgewiesenen Anstieg der Hauttemperatur an Händen und Füßen während des Autogenen Trainings von durchschnittlich ein bis zwei Grad Celsius und Maximalwerten von fünf und mehr Graden. Dabei kommt es gleichzeitig zu einem Abfall der Körperkerntemperatur*. In diesem Zusammenhang wurde meines Erachtens zu Recht von einer »vasodilatatorischen Potenz« des Autogenen Trainings gesprochen**.

Eng- und Weitstellung der Blutgefäße

---

* Polzien.
** Mann und Stetter.

Mögliche Schwierigkeiten – Hilfen

Bei einem glatten Übungsverlauf können Sie die folgenden Abschnitte überspringen.

»Meine Arme und Beine werden nicht warm.«
Diese Komplikation tritt gerade bei jüngeren Übenden häufiger auf. Junge Menschen leiden oft an kalten Händen und Füßen. Wenn es sich hierbei auch nicht um eine Krankheit im engeren Sinne handelt, so sind diese Erscheinungen doch sehr unangenehm. Kommt es nicht zu einer Erwärmung der Hände oder Füße während des normalen Trainingsablaufes, dann sollten vor den Übungen, insbesondere vor der Abendübung, die Hände beziehungsweise die Füße in einen Behälter mit warmem Wasser gesteckt werden, bis sie angenehm warm geworden sind. Anschließend wird das Autogene Training in üblicher Weise durchgeführt. Bei dieser Maßnahme handelt es sich nicht um eine »Überlistung des Körpers«, sondern darum, auch durch äußere Einwirkung die allmählich entstandenen vegetativen Fehleinstellungen zu korrigieren, damit die normalen vegetativen Regulationen sich durchsetzen können. Meist genügen schon wenige derartige Erwärmungen, um schließlich durch die reine Konzentration in der Wärmeübung zu einem Wärmeerlebnis in Händen und Füßen zu kommen.

Ursache: Vegetative Fehleinstellung

»Ich hatte ein überstürztes, unangenehmes Wärmegefühl.«
Bei diesem recht selten auftretenden Phänomen kommt es bereits nach wenigen Übungen zu einem stark empfundenen Wärmeerlebnis. In solchen Fällen empfiehlt es sich zu üben: »Ruhe, Schwere, rechte (linke) *Hand* warm.« Damit wird das Wärmeerlebnis auf die Hand und nicht auf den ganzen Arm bezogen. – Dieses überstürzte Wärmegefühl läßt sich auch regulieren durch die Hinzunahme der Vorstellung »angenehm«. Dann würde die Konzentration lauten: »Rechte (linke) *Hand angenehm* warm.«

Mir wurde schwindlig, und ich hatte unangenehme Gefühle in Gesicht und Kopf.«
In diesen Fällen – sie sind selten – ist es besonders wichtig, den Blutdruck von einem Arzt kontrollieren zu lassen. Weicht er von der Norm ab, so sollte der Betreffende nicht selbständig weiterüben, sondern sich zunächst einer ärztlichen Behandlung unterziehen.

Ist Ihr Blutdruck erhöht?

Abschließend möchte ich noch einmal an die Möglichkeit erinnern, sich die jeweilige Formel optisch vorzustellen, sie innerlich zu hören oder sie im Geiste niederzuschreiben – je nachdem, ob Sie sich als optisch, akustisch oder motorisch orientiert einstufen (→ Seite 26). Auch die Vorschaltung der speziellen Atemübung (→ Seite 27) hat sich bei Schwierigkeiten in der Wärmekonzentration bewährt.

Nach meinen jahrelangen Erfahrungen kann ich feststellen, daß Schwierigkeiten bei der Wärme-Übung sehr viel seltener auftreten als bei der Schwererealisation. Dies gilt natürlich nur für gefäßgesunde Menschen und nicht beispielsweise für Hypertoniker (Menschen mit Bluthochdruck, → Seite 50).

Ruhe, Schwere, Wärme – die Gesamtumschaltung

Analog zur Generalisation bei der Schwere-Übung können Sie auch bei der Wärmekonzentration zu der Kurzformel kommen:

Ruhe – Schwere – Wärme

Hat diese Konzentration über einen längeren Übungszeitraum hinweg schließlich dazu geführt, daß innerhalb von ganz kurzer Zeit, meist ein bis zwei Minuten, manchmal sogar schlagartig, eine Entspannung der gesamten Muskulatur und des Gefäßsystems eintritt, so ist das erreicht, was Schultz die »organismische Gesamtumschaltung« nannte: Schwere- und Wärmeerlebnis beschränken sich nun nicht mehr auf Arme und Beine, sondern werden im ganzen Körper wahrgenommen.

Begleiterscheinungen der Gesamtumschaltung

Entspannte Gesichtsmuskulatur

Ein weiteres Zeichen des generalisierten Schwere- und Wärmeerlebnisses ist die *Entspannung der Gesichtsmuskulatur.* Durch die Entspannung der Kaumuskeln kommt es zu einem leichten Auseinanderweichen der Zähne, während der Mund in der Regel geschlossen bleibt. Beim Liegenden weicht der Unterkiefer etwas zurück. Da auch die übrigen Gesichtsmuskeln an Spannung verlieren, gewinnt das Gesicht des Übenden den Ausdruck eines Schlafenden und völlig Entspannten.

Beim Sitzenden entsteht das Gefühl, *als würde sich der Hals verlängern.* Dieses Empfinden ist auf eine Entspannung der Schulter- und Nackenmuskulatur zurückzuführen.

Verändertes Körperschema

Ab und zu kommt es nun auch zu Phänomenen, die als *Veränderung des Körperschemas* (Körpererlebnisses) bezeichnet werden. Hierher gehört das Gefühl des Schwebens oder aber das Empfinden, zentnerschwer auf der Unterlage zu liegen, bei einigen Menschen wiederum der Eindruck, als seien einzelne Körperteile, beispielsweise der rechte Arm, nicht mehr vorhanden. Normalerweise »weiß« jeder Mensch, in welcher Lage sich seine verschiedenen Körperteile gerade befinden. Hier handelt es sich natürlich nicht um ein »bewußtes Wissen«, da ja die Aufmerksamkeit in der Regel auf andere Dinge gelenkt ist. Trotzdem erleben wir zum Beispiel unseren rechten Arm in der Haltung, in der er sich gerade befindet. Dieses »Körperschema« kommt dadurch zustande, daß von den einzelnen Teilen unseres Körpers ständig ein zum Zentrum, das heißt, zu bestimmten Teilen des Gehirns ziehender nervaler Impulsstrom erfolgt, der dem Gehirn die jeweilige Lage der Körperteile signalisiert. (Diese nervösen Reaktionen werden zentripetale Weckreaktionen, englisch: arousal reactions, genannt, → auch Seite 22.)

Bei der Generalisation des Schwereerlebnisses, das ja darin besteht, daß die Muskeln weitgehend entspannt sind, ändern sich auch diese zentripetalen Weckreaktionen. Die dem Gehirn erteilte »Meldung« über die jeweilige Lage von Körperteilen funktioniert nun nicht mehr ganz präzise. Das bedeutet, daß das psychische Erlebnis des Körperschemas sich verändert hat, so daß die Lage von Körperteilen falsch oder sogar überhaupt nicht mehr wahrgenommen werden kann. Dies ist die Erklärung dafür, daß manche Übende das Gefühl haben, ihr Arm sei nicht mehr da, während andere meinen, ihr Arm sei viel dicker als normalerweise.

Gefühl des Schwebens oder Lastens

Diese Phänomene – das Gefühl des Schwebens oder das des Lastens – deuten auf eine besonders gute Realisation der Übungen hin und sind somit positiv zu bewerten. Allerdings möchte ich hier erneut auf die Wichtigkeit einer konsequenten Rücknahme bei Übungsende hinweisen, sofern die Übung nicht direkt in den Schlaf übergehen soll.

Gefühl wohliger Dösigkeit

Auch in psychischer Hinsicht kommt es bei den bisher gelernten Übungen des Autogenen Trainings zu Veränderungen, die im wesentlichen in einem Herabsetzen des Wachheitsgrades (Vigilanz) liegen. Der Übende hat in der Regel das Gefühl einer gewissen wohligen Entspannung und Dösigkeit, während sein Bewußtsein gleichzeitig auf wenige Konzentrationen eingeengt ist.

Die zuletzt genannten positiven psychischen Veränderungen sind das Ergebnis der Ruhe-Schwere-Wärme-Übungen des Autogenen Trainings und lassen sich durch die Hinzunahme der nächsten Übung weiter vertiefen.

Die Atem-Übung

Einatmung – Ausatmung

Die nun folgende Atem-Übung unterscheidet sich ganz wesentlich von den vorherigen Übungen des Autogenen Trainings. Bei der Ruhe-, Schwere- und Wärme-Übung haben Sie gelernt, durch gedankliche Konzentration unmittelbar körperliche Reaktionen wie Muskelentspannung und Gefäßweitstellung auszulösen. Bei der Atemübung dagegen soll sich die Konzentration auf einen bereits ablaufenden körperlichen Vorgang richten. Sie beobachten dabei quasi wie ein Außenstehender den Wechsel von Ein- und Ausatmung.

Bei der *Einatmung* hebt sich der Brustkorb durch die Anspannung von Halsmuskeln, verschiedenen Muskeln des Schultergürtels sowie der Zwischenrippen-Muskulatur (= die Brustatmung). Durch Zusammenziehen (Kontraktion) des Zwerchfells werden die Baucheingeweide nach unten gedrückt (= Bauchatmung), es entsteht zusätzlicher Raum, und frische Atemluft strömt in die Lungen hinein.

Nach kurzer Pause erfolgt die *Ausatmung*. Alle zuvor aktiv angespannten Muskeln einschließlich des Zwerchfells entspannen sich. Hierdurch verringert sich das Volumen des Brustkorbs, unterstützt durch das Zusammenziehen von elastischen Fasern im Lungengewebe strömt der Atem wieder aus.

Der stetige Wechsel von Einatmung und Ausatmung, von Aktivität und Passivität, das Nebeneinander von (willkürlicher) Steuerbarkeit und (unwillkürlich) reflektorisch ablaufenden Vorgängen kennzeichnen den Atemvorgang und zeigen Parallelen auf zur Polarität vieler Lebensgesetzlichkeiten: Anspannung – Entspannung, Leistungsbereitschaft – Erholung. Bei großer körperlicher Aktivität und damit verbundenem hohen Sauerstoffverbrauch muß die Ein- und Ausatmung schnell wechselnd durchgeführt werden, wodurch beide Atemphasen gleichermaßen aktiv werden. Bei körperlicher Ruhe dagegen wird die Atmung im ganzen langsamer. Die Einatmung selbst erhält einen gewissen Grad von Aktivität, die Ausatmung erfolgt passiv.

Reflektorischer Verlauf der Atmung

Die Atmung des passiven, gelösten, durch Autogenes Training versenkten Menschen schaltet sich um auf einen eher unwillkürlich ablaufenden (reflektorischen) Verlauf. Beim Ausatmungsvorgang kommt es zu einer Entspannung aller während der Einatmung angespannten Muskeln. Hierdurch strömt die Luft infolge der Schwere des Brustkorbs, der Entspannung des Zwerchfells sowie der Entspannung der elastischen Fasern in der Lunge *ohne eigenes Dazutun* durch den ebenfalls entspannten Kehlkopf wieder nach außen.

Die Atem-Einstellung

Dieser Vorgang der passiv gelösten, reflektorisch, ohne eigenes Zutun ablaufenden Atmung ist Ziel dieser Übung. Konzentrieren Sie bitte:

Es atmet mich

oder

Es atmet in mir

Durch diese Konzentration geben Sie sich im Versenkungszustand des generalisierten Ruhe-, Schwere- und Wärmeerlebnisses dem Atmungsvorgang hin und erleben dabei ein wiegendes Auf und Ab, entsprechend dem Heben und Senken des Brustkorbs.

Versenkungs-atmung

Bei dieser Übung – und das unterscheidet sie von den bisherigen – ist *keine unmittelbare Veränderung der Atmung* beabsichtigt. Vielmehr kommt es ganz allmählich, fast unmerklich, und nach wochenlangem Üben zu einer immer autonomeren, harmonischeren Atmung. Diese »Versenkungsatmung« kann individuell sehr verschieden sein. Meist wird die Atemfrequenz (= Anzahl der Atemzüge pro Minute) niedriger und der Atemvorgang flacher. Aber auch vertiefte Atemzüge sind nicht selten. Jeder Mensch findet zu seiner individuellen, abgestuften Kombination von Brust- und Bauchatmung.

In diesem Zusammenhang möchte ich an die Ausführungen zur Ausatmungsverstärkung (→ Seite 27) erinnern. Aus dem passiv gelösten, entspannten Charakter des Ausatmungsvorgangs erklärt sich die bessere Realisierung der jeweiligen während der Ausatmung konzentrierten Formel.

Die neue Atemeinstellung entdecken

Meist braucht der Lernende für die Atem-Übung – im Vergleich zu den bisherigen Übungen – sehr viel mehr Zeit, um die neue Atemeinstellung »zu entdecken und zu erleben«. Mißempfindungen oder Schwierigkeiten dabei sind außerordentlich selten; sollten sie sich wider Erwarten doch ergeben, so kann die Übung ersatzlos fallengelassen werden. Bei den hiervon Betroffenen handelt es sich meist um Menschen, die an nervösen Atembeschwerden, an Asthma oder ähnlichem leiden; ihnen kann ein Arzt weiterhelfen.

Der Gesunde hingegen wird durch die Erarbeitung der Atemeinstellung in der geschilderten Weise eine ganz wesentliche Vertiefung des Gesamterlebnisses beim Autogenen Training erfahren.

Die vollständige Formel für alle Übungen

Die vollständige Formel, einschließlich der Atemeinstellung lautet also:

Ruhe – Schwere – Wärme – es atmet mich

oder

Ruhe – Schwere – Wärme – es atmet in mir

Damit sind die Übungen des »Autogenen Trainings für jeden« abgeschlossen.

37

Die Wandspruchartigen Leitsätze

Störreize abstellen

Wenn Sie die Übungen des »Autogenen Trainings für jeden« richtig eingeübt haben, können Sie sich den Wandspruchartigen Leitsätzen zuwenden. Ich rate Ihnen jedoch dringend, hier nicht weiterzulesen, solange Sie diese Übungen nicht richtig beherrschen und sich die organische *Gesamtumschaltung* noch nicht eingestellt hat. Wandspruchartige Leitsätze als Hilfe bei der Bewältigung von Alltagsproblemen bauen gewissermaßen auf den Übungen des »Autogenen Trainings für jeden« auf und können nur dann voll wirksam werden, wenn die Muskel- und Gefäßentspannung durch die Ruhe-Schwere-Wärme-Atem-Übungen bereits erfolgt ist.

Positive Einstellungen mobilisieren

Wandspruchartige Leitsätze sind besondere Konzentrationen, mit deren Hilfe es Ihnen gelingt, Störreize abzustellen und positive Einstellungen zu mobilisieren, die Sie, selbst wenn Sie noch so viele gute Vorsätze haben, nicht verwirklichen können. Ein Wandspruchartiger Leitsatz muß in seiner Formulierung stets den Bedürfnissen des einzelnen entsprechend gebildet werden; er hat aber immer einen systematischen Aufbau, mit dem wir uns zunächst genauer befassen wollen.

Der Aufbau eines Wandspruchartigen Leitsatzes

Ein Wandspruchartiger Leitsatz besteht immer aus zwei Teilen, die sich – aufeinander abgestimmt – gegenseitig ergänzen. Sein erster Teil richtet sich gegen den Reiz, der die Störungen auslöst. Als Störung ist hier all das zu verstehen, was Menschen zwar gerne abstellen möchten, aber nicht abstellen können. Zum Beispiel: erschwertes Einschlafen, Sprachstörungen, gewohnheitsmäßiges Rauchen und Alkoholtrinken. Dazu kann man aber auch beruflichen Ärger zählen und oft durch Kleinigkeiten ausgelöste »Reibereien« mit Menschen aus dem privaten Lebensbereich. All diese und noch viele andere Belastungen im täglichen Leben, die man gerne loswerden möchte, werden hier ganz allgemein als *Störungen* bezeichnet.

Belastungen, die man loswerden möchte

Zum Abbau einer solchen Störung kommt es bereits dadurch, daß der Betroffene eine Haltung der Gleichgültigkeit ihr gegenüber einnimmt. Diese Indifferenzhaltung (lateinisch *indifferens* = gleichgültig, neutral) spielt auch bei der buddhistischen Versenkung, einer der bedeutendsten asiatischen Meditationen, eine zentrale Rolle. Jene buddhistische »Sancta Indifferentia« dürfte auch Pate gestanden haben bei der Entwicklung dieses Teils eines Leitsatzes, der zum Ziel hat, einen Störreiz »zur Gleichgültigkeit zu bringen«, also abzuschwächen oder auszuschalten.

*Finden Sie
Ihre eigenen
Leitsätze*

Auf den folgenden Seiten will ich Ihnen anhand einiger Beispiele vorführen, wie Sie mit Wandspruchartigen Leitsätzen, die Sie in Verbindung mit den Übungen des »Autogenen Trainings für jeden« anwenden, bestimmte Probleme angehen können. Voraussetzung dafür ist, daß Sie selbst *Ihre* eigenen Wandspruchartigen Leitsätze für Ihre speziellen Alltagsprobleme finden – nach den Kriterien, die unter der Überschrift »Die Persönlichkeitsformel« (→ Seite 42) beschrieben sind.

Hilfe bei Sprachstörungen
Eine gar nicht so kleine Zahl von Menschen hat Sprachstörungen im Sinne von Stottern. Bei ihnen rückt der Sprechvorgang, dessen reibungsloses Funktionieren auf einem kompliziert aufgebauten Zusammenspiel mehrerer Muskelgruppen und einer ruhigen Atmung beruht, immer mehr ins Bewußtsein, wodurch er noch störbarer wird. Kurz gesagt: Der Stotternde denkt mehr an das Sprechen als an das, was er sagen will. Durch den Besuch von Sprachschulen, der Sprachgestörten häufig empfohlen wird, rückt das Sprechen bei ihnen noch mehr ins Bewußtsein; meistens lernen sie auch eine Art von Kunstsprache. Durch die Übungen des Autogenen Trainings gelingt es, den Vorgang des Sprechens wieder mehr aus dem Bewußtseinszentrum zu verlagern. Bereits dadurch wird auch der gestörte Sprechvorgang verbessert. Hat der Sprachgestörte die Ruhe-, Schwere-, Wärme- und Atem-Übung erlernt (wobei auf eine besonders gute Entspannung der Gesichts- und Kiefermuskulatur geachtet werden sollte), dann folgt der nächste Schritt: Im Gespräch mit einem Therapeuten wird dem Sprachgestörten aufgezeigt, wie durch seine Störung der Sprechvorgang viel zu stark ins Zentrum seiner Aufmerksamkeit gerückt ist und daß er dadurch noch störbarer wird. Die Konsequenz aus diesen Gesprächen in einen Wandspruchartigen Leitsatz gebracht, lautet dann: *»Sprechen in jeder Situation gleichgültig.«* Um der besseren Wirksamkeit willen fügen wir in diesen Wandspruchartigen Leitsatz zunächst *»in jeder Situation«* mit ein. Nachdem der Sprachgestörte eine Zeitlang mit Hilfe der Übungen und dieses Leitsatzes die Indifferenz dem Sprechen gegenüber eingeübt hat, empfiehlt es sich, noch die beiden Worte *»Inhalt wichtig«* hinzuzunehmen. Somit lautet der wandspruchartige Leitsatz:

*Indifferenz-
haltung
einüben*

Sprechen in jeder Situation gleichgültig – Inhalt wichtig

Mit Hilfe dieses Leitsatzes wird die Aufmerksamkeit des Sprechenden vom Vorgang des Sprechens weg mehr zum Inhaltlichen hin verlagert.

Wir können den Erfolg dieser Maßnahmen anhand von Nachuntersuchungen an jüngeren Menschen belegen, die eine Zeitlang mit dem »Autogenen Training für jeden« und den entsprechenden Leitsätzen übten. Sehr häufig war von ihnen zu hören: »Wir stottern zwar noch, aber es stört uns nicht mehr!« Das mag paradox klingen, ist aber damit zu erklären, daß durch das Sich-nicht-mehr-gestört-Fühlen eine gestörte Funktion bereits verbessert werden kann, was bei vielen zu beobachten war. Für noch wichtiger aber halte ich, daß es uns gelungen ist, einem Menschen, der an einem Symptom leidet, so zur Selbsthilfe verholfen zu haben, daß er nicht mehr an seiner Störung leidet. Dazu kommt noch, daß kaum einer dem Autogenen Training je so treu bleibt wie der Stotterer, der »funktionell Sprachgestörte«, wie wir ihn lieber nennen. Das mag daran liegen, daß diese Menschen häufig eine übergewissenhafte Persönlichkeitsstruktur haben, durch die sie ständig bestrebt sind, einen an sich weitgehend unbemerkt ablaufenden Vorgang zu kontrollieren.

Selbsthilfe für funktionell Sprachgestörte

Hilfe bei der Alkohol- und Nikotinentwöhnung
Auch für die große Gruppe der Gewohnheitsraucher und Gewohnheitstrinker läßt sich über das »Autogene Training für jeden« eine Hilfe vermitteln, die bei konsequenter Durchführung gute Erfolge zeigt. Deutlich unterschieden werden muß allerdings einerseits zwischen dem Typ des Genuß- oder Gewohnheitsrauchers und Gelegenheitstrinkers, der aus dieser Abhängigkeit herauskommen will, es aber aus eigener Kraft bisher noch nicht geschafft hat, und dem Suchtraucher oder süchtigen Trinker andererseits, der bereits körperlich von der Zufuhr von Nikotin und Alkohol abhängig ist. Nur bei den leichten Formen des Nikotin- und Alkoholkonsums wird das Autogene Training eine gute Chance zum Erfolg bieten. Der Suchtraucher und der Alkoholiker brauchen unbedingt therapeutische Hilfe, in den meisten Fällen wohl sogar die Betreuung und Geborgenheit einer Entziehung in einer Spezialklinik, um zum Erfolg zu kommen.

Suchtkranke brauchen therapeutische Hilfe

Menschen, die gewöhnt sind, täglich Alkohol zu trinken, ohne deswegen schon »Trinker« zu sein, lernen die Grundübungen des Autogenen Trainings relativ schnell. Erst wenn sie diese Übungen sicher beherrschen, kann der erste Teil des Leitsatzes, nämlich die Indifferenzkonzentration dem Störreiz gegenüber – in diesem Fall dem Alkohol –, eingesetzt werden. Nach der Realisierung von Ruhe, Schwere, Wärme wird der Wandspruchartige Leitsatz mit hinzugenommen:

Alkohol, Alkoholtrinken in jeder Situation gleichgültig

Abgewandelt auf den Gewohnheitsraucher, der sein tägliches Zigarettenquantum reduzieren oder ganz vom Rauchen loskommen möchte, lautet der Wandspruchartige Leitsatz:

Zigaretten, Zigarettenrauchen in jeder Situation gleichgültig

Wie wir sehen, wird von vornherein nicht die Ablehnung von Alkohol oder Zigaretten suggeriert, sondern es wird dem Betroffenen geholfen, aus der inneren Spannung des »soll ich oder soll ich nicht« herauszukommen. Dies geschieht durch die Haltung einer Indifferenz dem »Genußmittel« gegenüber, die dann nach einiger Zeit zur Alkohol- oder Zigarettenabstinenz führen kann.

Gleichgültig Reklame gegenüber

Von Menschen, die in der hier geschilderten Weise vorgegangen sind, kann man nach einiger Zeit hören, daß die ständig präsente Alkohol- oder Zigarettenreklame ihnen nicht nur gleichgültig geworden ist, sondern daß sie gar nicht mehr in vorherigem Maße von ihnen wahrgenommen wird. In den warmen Monaten des Jahres sieht man häufig große Reklameplakate, die den Betrachtenden zum Biertrinken anregen sollen. Das einladende Bild eines Biertrinkenden wird beispielsweise von dem Text begleitet »Durst wird durch Bier erst schön«. Wer nun mit Hilfe des Autogenen Trainings und der Wandspruchartigen Leitsätze zu einer Indifferenz Bier und Biertrinken gegenüber gekommen ist, wird vor dieser Reklame stehen und sagen: »Ich weiß gar nicht, was das soll!« Durch diesen Satz drückt er sehr plastisch aus, daß er die gefühlsmäßige Beziehung zur Reklame – und jede Reklame appelliert vor allem an unsere Gefühle – abgebaut und durch eine Indifferenzhaltung ersetzt hat. Wer sich also das Trinken oder das Rauchen abgewöhnen möchte, kann dies über die Übungen des »Autogenen Trainings für jeden« unter Hinzunahme der erwähnten Indifferenzkonzentrationen befriedigend erreichen, indem er die gefühlsmäßige Verbindung zwischen dem Reiz und seiner Persönlichkeit abbaut.

Hilfe für Schlafgestörte
Die ungemein häufigen funktionellen Schlafstörungen sind ein weiteres Anwendungsgebiet des »Autogenen Trainings für jeden«. Darüber habe ich bereits in einem medizinischen Ratgeber berichtet, der im gleichen Verlag erschienen ist wie dieses Buch*. Kurz zusammengefaßt gilt folgendes: Durch das Autogene Trai-

---

* Prof. Dr. med. D. Langen, Sprechstunde: Schlafstörungen. Wieder gut schlafen lernen. Gräfe und Unzer Verlag München.

ning lernt der Schlafgestörte, wieder zur Ruhe zu kommen. Es gelingt zunächst durch den Leitsatz:

Schlafen in jeder Situation gleichgültig

Hat sich dieser Satz dann als fester Vorstellungskomplex eingeschliffen, so kann er verkürzt werden zu:

Ruhe – Schwere – Wärme – Schlaf gleichgültig

Gerade durch die Verwirklichung dieser Haltung lernen Schlafgestörte, sich mit einer vorhandenen Anlage abzufinden. Sie reagieren nicht mehr negativ auf die Schlafstörung, womit die gefühlsbesetzte Unfähigkeit zum erholsamen Schlaf durch Indifferenz neutralisiert wird. Damit ist das erreicht, was der Schweizer Nervenarzt Dubois Ende des vorigen Jahrhunderts bildhaft so ausdrückte: »Der Schlaf ist wie eine Taube, man muß nur die Hand ausstrecken. Greift man aber nach ihr, so fliegt sie weg.«

Allen, die das Autogene Training zur Beseitigung einer Störung, wie beispielsweise einer Schlafstörung, einsetzen wollen, möchte ich an dieser Stelle noch einmal ausdrücklich sagen, daß erst nach vollständigem Erlernen der Übungen des »Autogenen Trainings für jeden« und nach längerfristigem regelmäßigen Üben eine Besserung zu erwarten sein wird. Wer sich ungeduldig von Anfang an darauf fixiert, wird dagegen kaum Erfolg haben.

Die Persönlichkeitsformel

Der zweite Teil des Leitsatzes

Bisher war die Rede vom *ersten Teil* eines Wandspruchartigen Leitsatzes, womit ein Störreiz zu einer Indifferenz gebracht werden kann. Im *zweiten Teil* des Leitsatzes wird nunmehr versucht, zu einem Ausgleich widerstrebender Persönlichkeitsanteile zu kommen. Hierzu sollte der Übende sich fragen, welche Eigenschaften er gerne noch besitzen möchte, um das Gefühl einer größeren Vollkommenheit zu erreichen. Er sollte sie spontan, so wie sie ihm einfallen, aufschreiben. Danach kann er sie sichten, und zwar unter Berücksichtigung eines sehr wichtigen Aspektes: Alle Negativbegriffe müssen in positive Begriffe umformuliert werden. Unsere Erfahrung hat gezeigt, daß jede noch so geringfügige Negation wie beispielsweise die Vorsilbe »un« in dem Wort »Unbefangenheit«, wenn sie im Versenkungszustand konzentriert wird, zu ungewollten Ergebnissen führt: Konzentriert ein Übender während des Autogenen Trainings »Unbefangenheit«, so wird er die Erfahrung machen, daß er in Wirklichkeit innerlich »Befangenheit« erlebt. Ähnliches gilt für das Wort

*Mut – Selbst-
vertrauen –
Abstand*

»Entspannung« – hier wird »Spannung« erlebt. Positiv dagegen würde die bildhafte Vorstellung von »Gelöstheit« wirken. Angst ist ein Begriff, der auch niemals in einem Leitsatz auftauchen sollte. Ist jemand vielleicht spontan eingefallen, daß er »keine Angst mehr haben möchte«, so sollte er das in positive Begriffe wie »Mut« oder »Selbstvertrauen« umformen. Mut, Selbstvertrauen, Selbstsicherheit, Selbstgeborgenheit, Gelöstheit, Gleichmaß, Abstand – diese Begriffe werden häufig verwendet. Sie unterstützen Eigenschaften, die uns am häufigsten abgehen. Ein weiteres wichtiges Kriterium bei der Formulierung eines Wandspruchartigen Leitsatzes ist die *Formvereinfachung* und die *Monotonie*. Je einfacher und monotoner ein Satz ist, um so tiefer wird er in unsere unbewußten Schichten eindringen und von dort her wirksam werden. Gehen Sie bei der Gesamtformulierung eines Wandspruchartigen Leitsatzes in folgenden Schritten vor:

Erster Schritt: Indifferenz-Konzentration kombiniert mit der Formulierung *»in jeder Situation«*. Damit kann die entsprechende Einstellung zu jeder Zeit wirksam werden. Beispiel:

Sprechen in jeder Situation gleichgültig

Zweiter Schritt: Ist dieser Teil des Leitsatzes lange genug eingeübt und damit in der Persönlichkeit verankert, wird die Vorstellung »in jeder Situation« überflüssig, und es wird eine auf den Störreiz bezogene positive Formulierung konzentriert. Beispiel:

Sprechen gleichgültig – Inhalt wichtig

oder

Schlafen gleichgültig – Ruhe wichtig

Dritter Schritt: Im nun folgenden Teil des Leitsatzes werden die Eigenschaften, die man sich wünscht, aber bisher nicht hat verwirklichen können, möglichst knapp bildhaft und positiv formuliert. Hierzu einige Beispiele als Anregung: *»Mut, Sicherheit und Selbstvertrauen«* – *»Abstand und Gelassenheit«* – *»Heiterkeit und Tatkraft«* – *»Offenheit, Gelöstheit und Selbstsicherheit«*. Zum Schluß werden dann beide Leitsatzteile zusammengefügt, so daß ein vollständiger Leitsatz für Sprachgestörte beispielsweise lauten würde:

Sprechen gleichgültig – Inhalt wichtig – durch Mut, Sicherheit und Selbstvertrauen

Für Schlafgestörte würde ein vollständiger Wandspruchartiger Leitsatz lauten:

Schlaf gleichgültig – Ruhe wichtig – durch Gelassenheit und Abstand

Hilfe bei Alltagsproblemen

Selbstverständlich gibt es auch Alltagsprobleme, die mit Hilfe des Autogenen Trainings und der Wandspruchartigen Leitsätze leichter zu meistern sind, ohne daß dabei immer ein Störreiz ausgeschaltet werden müßte. Nehmen wir als Beispiel eine Prü- *Prüfungsangst,* fung oder eine schwierige berufliche Situation: Das Ziel, die *berufliche* Prüfung zu bestehen beziehungsweise das berufliche Problem zu *Probleme* bewältigen, ist dabei klar. Hier helfen Leitsätze wie: *»Ich schaffe es mit Mut, Abstand und Gelassenheit.«*

Bei Menschen mit Schwierigkeiten, sich zu behaupten oder durchzusetzen, haben sich folgende Leitsätze sehr bewährt: *»Ich gehe meinen Weg mit Mut, Sicherheit und Selbstvertrauen.«* Der Leitsatz kann aber auch lauten: *»Ich vertrete mein Recht mit Nachdruck, Offenheit und Augenmaß.«* In jedem dieser Fälle wird die zunächst ausgesprochene Zielvorstellung verstärkt durch das Ansprechen der bereits individuell erarbeiteten inneren Einstellungen und Persönlichkeitsanteile.

Manchmal geht es sogar noch einfacher. Nehmen wir das ebenso lästige wie weitverbreitete Problem des Schnarchens. Wie viele Partnerschaften und Ehen sind darüber nicht schon in ernste Schwierigkeiten geraten oder gar auseinandergegangen. Hier bewährt sich der Leitsatz: *»Auf der Seite (auf dem Bauch) schlafe ich ruhig und fest.«*

Im Fall von Prüfungsschwierigkeiten oder von Problemen am Arbeitsplatz genügt oft sogar der Leitsatz: *»Konzentration durch Abstand.«* Viele Beispiele ließen sich noch anführen, letztlich kommt es immer auf die individuelle Erarbeitung und die persönliche Ausgestaltung des Leitsatzes an.

Die Kriterien für Abschließend noch einmal die Kriterien, die bei der Erarbei- *den Wandspruch-* tung eines Wandspruchartigen Leitsatzes unbedingt genau zu *artigen Leitsatz* beachten sind:
- Nur »positive« Begriffe verwenden.
- Je knapper und einfacher, desto besser.
- So monoton und rhythmisch wie möglich.

Die gezielte Anwendung der Wandspruchartigen Leitsätze sollte, wie bereits erwähnt, erst dann erfolgen, wenn die Selbstversenkung prompt und regelmäßig funktioniert. Es ist nicht sinnvoll, sondern kann unter Umständen sogar schädlich sein, wenn ein

*Gehen Sie
in kleinen
Schritten vor*

Übender, der an Schlafstörungen leidet, das von ihm noch nicht vollständig erarbeitete »Autogene Training für jeden« unter Hinzunahme des Leitsatzes in die nächtliche Schlafstörung hineinnimmt. Gerade in diesen Fällen ist die Versuchung einer zu frühen Anwendung besonders groß, weil die schlafgestörte Nacht lang und quälend sein kann. Hiervon muß jedoch dringend abgeraten werden. Bei etwas Geduld und unter Beachtung eines Vorgehens in kleinen Schritten wird der Erfolg um so überzeugender ausfallen. Ich pflege, um das klarzumachen, gerne folgendes zu sagen: Wenn Sie beginnen, Tennis zu lernen, gehen Sie auch nicht gleich auf ein Turnier, sondern erarbeiten sich zunächst einmal die Grundformen dieses Sports. Gleiches gilt natürlich in besonderem Maße für das Autogene Training, wie jedem einleuchten wird.

Autogenes Training als Therapie

Dr. med. Karl Mann

Dieses Buch wandte sich bisher an den gesunden Menschen, der das »Autogene Training für jeden« selbständig erlernen möchte. Dieses Kapitel nun zeigt auf, bei welchen Erkrankungen und Symptomen das Autogene Training als Therapie vom Arzt eingesetzt werden kann.

Nur unter Anleitung eines Arztes

Unabdingbare Voraussetzung für die Behandlung der im folgenden beschriebenen Krankheiten mit Hilfe des Autogenen Trainings ist die sachkundige Vermittlung dieser Entspannungsmethode. Die medizinische Indikation erfordert in allen Fällen die strenge ärztliche Überwachung und schließt damit ein selbständiges Erlernen über das Medium Buch selbstverständlich aus.

Mit Autogenem Training, einem »Breitbandtherapeutikum« erster Ordnung, kann eine Vielzahl von Störungen und Krankheiten behandelt werden – sei es als Therapie der Wahl, die die Krankheit »an der Wurzel« behandelt wie bei den funktionellen Störungen, sei es gleichrangig neben anderen psycho- und somatotherapeutischen Maßnahmen wie bei psychosomatischen Krankheiten, oder sei es zur Linderung von Schmerzen, andere Behandlungsmethoden unterstützend, wie es bei Rheuma der Fall ist. Immer wird es auch der Verminderung von Ängsten dienen, die jede Krankheit mit sich bringt. Wir wissen heute, daß 30 bis 50 % der Patienten, die einen niedergelassenen Arzt aufsuchen, neben der körperlichen auch eine seelische Behandlung brauchen. Die zukunftsorientierte, die moderne Medizin stellt daher psychosomatische und psychotherapeutische Verfahren immer häufiger gleichrangig neben ihre naturwissenschaftlichen Methoden. Und sie versucht immer intensiver, Entspannungsmethoden, die die Selbstheilungskräfte der Patienten stärken, schon als Vorsorgemaßnahmen einzusetzen, ohne dabei das Autogene Training als »Allheilmittel« unkritisch zu verkennen.

Autogenes Training in der Vorsorgemedizin

Bessere Streß-bewältigung

Eine methodisch exakte Studie* zeigte, daß autogen trainierte Menschen selbstsicherer, aktiver, stärker nach außen orientiert, besser gestimmt und eindeutig weniger deprimiert, ängstlich oder erregt waren als vergleichbare Versuchspersonen, die das Autogene Training nicht durchführten.

Nimmt man noch die nachweisliche Entspannung der Muskulatur und der Gefäße sowie die bereits dargestellten Leistungen im Hinblick auf eine individuelle Persönlichkeitsfindung (→ Seite 38) hinzu, so ist die Bedeutung des Autogenen Trainings als Hilfe bei der Bewältigung von Problemen und Belastungen des Alltags leicht zu verstehen.

Der autogen Trainierte leidet im Vergleich zu einem Menschen, der das Autogene Training nicht praktiziert, weniger unter »Streß« – hier verstanden als belastende Umweltfaktoren unterschiedlichster Art. Es gelingt ihm, sein körperlich-seelisches Gleichgewicht besser zu wahren beziehungsweise es nach Überlastung schneller wieder herzustellen. Hieraus erklärt sich der große Stellenwert des Autogenen Trainings in der Psychohygiene und der Vorsorgemedizin.

Autogenes Training und koronare Herzkrankheiten

Autogenes Training kann zur Vorbeugung, aber auch zur Unterstützung der Behandlung von koronaren Herzerkrankungen sehr wirkungsvoll eingesetzt werden. Seit Jahren stehen diese Erkrankungen der Herzkranzgefäße an der Spitze der Statistiken über Krankheitshäufigkeit und Todesursachen. Bei immer mehr Menschen treten *Angina pectoris* (Brustenge) und Herzinfarkt auf – an diesen Erkrankungen sterben heute bereits mehr Männer im Alter über 45 Jahren als an allen Krebsformen und anderen bösartigen Geschwulsten zusammengenommen.

Krankmachende Lebens-bedingungen

Viele Studien haben gezeigt, daß die »Risikofaktoren« bei der Entstehung der koronaren Herzerkrankungen eine entscheidende Rolle spielen. Unter Risikofaktoren verstehen wir sowohl körperliche Schädigungsmechanismen, die eine Entstehung bestimmter Krankheiten begünstigen, als auch bestimmte krankmachende Lebensbedingungen – vom Bewegungsmangel über falsche Eß- und Trinkgewohnheiten bis hin zu Leistungsdruck und dem daraus resultierenden Sich-überfordert-Fühlen.

---

* Schrapper (Med. Diss. Mainz 1978), »Persönlichkeitszentrierte Funktionskontrolle zur Indikationsstellung des AT«.

Schwerwiegende Risikofaktoren für Herzerkrankungen: Der Bluthochdruck, (*Hypertonie*, → Seite 50), das Zigarettenrauchen und das Übergewicht in Verbindung mit erhöhten Blutfettwerten. Viele der Erkrankten zeigen zudem vermehrt aggressiv-ehrgeiziges Verhalten bei gleichzeitiger starker innerer Anspannung.

Ein Risikofaktor allein bedeutet noch keine ernsthafte Bedrohung für die Gesundheit; kommen jedoch zwei oder gar drei Risikofaktoren zusammen, was sehr häufig der Fall ist, dann muß dies als eine starke gesundheitliche Gefährdung gesehen werden.

Das Autogene Training bietet eine ausgezeichnete Möglichkeit, den Risikofaktoren vorzubeugen und therapeutisch auf sie einzuwirken.

Ein psychoreaktiv erhöhter Blutdruck, also ein Bluthochdruck, der nicht durch Krankheiten oder Funktionsstörungen von Organen verursacht ist, wird nachweislich und dauerhaft gesenkt (→ Seite 50). Starkes Zigarettenrauchen kann durch Indifferenzhaltung zunächst vermindert, schließlich aufgegeben werden (→ Seite 38).

Unabhängig werden von zwanghaftem Essen

Übergewicht resultiert nicht selten aus einer psychischen Fehlhaltung. Vereinfacht ausgedrückt könnte man sagen, daß viele Menschen versuchen, innere Anspannung und Angst durch übermäßiges Essen – wie auch durch zuviel Alkohol – abzubauen. Autogenes Training führt zu innerer Ausgeglichenheit mit harmonischem Wechsel von Anspannung und Entspannung und somit zum Abbau von Angst (→ Seite 38). Eine solche »neue innere Ausgeglichenheit« macht nicht nur zunehmend unabhängiger von übermäßiger, körperlich nicht erforderlicher Nahrungszufuhr, sondern baut allmählich krankhaften Ehrgeiz und das häufig daraus resultierende aggressive Verhalten ab.

Blutfette, die dem Organismus als Energielieferanten und Baustoffe dienen, werden zum einen Teil mit der Nahrung aufgenommen, zum anderen vom Körper aufgebaut. Durch Zuführung von zuviel Fetten mit der Nahrung oder infolge einer Fettstoffwechselstörung steigen die Blutfette an. Ein dauernd erhöhter Blutfettgehalt kann Degenerations- und Alterungsprozesse in den Blutgefäßen auslösen und beschleunigen. Und das bedeutet auch für die Herzkranzgefäße ein erhöhtes Risiko. Erhöhte Blutfettwerte können durch Autogenes Training gesenkt werden. In einer Untersuchung* hatten die Probanden nach Autogenem Training deutlich gesenkte Blutfettwerte. Der Wirkmechanismus allerdings ist noch nicht vollständig erhellt.

---

* W. Luthe 1965, »Correlationes Psychosomaticae«.

Die bereits beschriebene »vasodilatatorische, die gefäßerweiternde Potenz« des Autogenen Trainings (→ Seite 32) schließlich bewirkt ein regelmäßiges Gefäßtraining auch der Herzkranzgefäße, das dem Entstehungsmechanismus der koronaren Herzerkrankungen entgegenwirkt. Denn solcherart trainierte Gefäße widerstehen Degenerations- und Alterungsprozessen weit besser als untrainierte.

Autogenes Training und funktionelle Störungen

Störungen des vegetativen Nervensystems

Zur Behandlung von funktionellen Störungen – auch psychovegetative Syndrome oder psychosomatische Funktionsstörungen genannt – ist das Autogene Training das »Mittel der Wahl«. Denn meist handelt es sich hier um seelisch bedingte körperliche Fehlregulationen ohne nachweisbare Organschädigung. Eine zentrale Rolle für diese Fehlregulationen spielt die erhöhte Irritierbarkeit oder eine Fehlsteuerung des vegetativen Nervensystems. Das bei funktionellen Störungen verschobene Gleichgewicht im vegetativen Nervensystem (Sympathikus-Parasympathikus, → Seite 22) wird durch das Autogene Training mit seiner entspannenden Wirkung wieder stabilisiert.

Autogenes Training und psychosomatische Krankheiten

AT als Ergänzung der Therapie

Sobald zu einer funktionellen Störung eine Organschädigung (pathomorphologisches Substrat) hinzukommt, wenn also die psychisch bedingte Krankheit in einer Organschädigung nachweisbar wird, sprechen wir von den psychosomatischen Krankheiten im engeren Sinne. Meist geht der psychosomatischen Erkrankung eines Organs, zum Beispiel eines Magengeschwürs, ein auslösendes Ereignis in Verbindung mit einer sogenannten Schicksalssituation voraus. Aus diesem Grunde genügt es in der Regel nicht, das Autogene Training allein als Therapie einzusetzen. Vielmehr sind intensive aufdeckende Gespräche zwischen Patient und Arzt zusätzlich ebenso notwendig wie geeignete körperliche Behandlungsmaßnahmen, zum Beispiel Medikamente.

Ein Verfahren wie die gestufte Aktivhypnose kombiniert das Autogene Training mit gewissen hypnotischen Elementen; so ist der Patient schließlich in der Lage, Selbsthypnosen durchzuführen. Parallel hierzu wird – gemeinsam mit dem Patienten – eine Analyse der Begleiterscheinungen seiner Erkrankung und seiner Lebensumstände erstellt. Schließlich folgt ähnlich wie bereits geschildert (→ Seite 38) die Erarbeitung eines Wandspruchartigen Leitsatzes. Zuletzt werden die im Leitsatz zusammengefaßten Ergebnisse der analysierenden Gespräche mit der inzwischen erlernten Selbsthypnose kombiniert zu einer »zweigleisigen Psychotherapie«.

Diese mehrdimensionale Methode hat sich in der Therapie psychosomatischer Krankheiten außerordentlich gut bewährt, sowohl in der stationären als auch in der ambulanten Behandlung. Von anderen Psychotherapierichtungen hebt sie sich vorteilhaft vor allem durch ihre vergleichsweise kurze Dauer und ihr pragmatisches Vorgehen ab.

Im folgenden möchte ich Ihnen einige Beispiele funktioneller Störungen und psychosomatischer Krankheiten geben, bei deren Behandlung das Autogene Training wirkungsvoll eingesetzt werden kann. Nicht immer lassen sich die Grenzen zwischen beiden scharf ziehen; vielmehr kann es im Einzelfall durchaus zu fließenden Übergängen kommen.

Autogenes Training und Blutdruck

AT hilft, den Blutdruck zu senken

Nach amerikanischen Unterlagen leiden etwa 20 % der erwachsenen Bevölkerung an Bluthochdruck *(Hypertonie)*. Bei etwa vier Fünftel davon läßt sich hierfür keine organische Ursache finden – das heißt, daß diese Menschen an der essentiellen Hypertonie leiden. An der Entstehung dieser Hochdruckform scheinen verschiedene zum Teil noch unbekannte Faktoren von unterschiedlicher Wertigkeit mitzuwirken. Wissenschaftlich gesichert ist die Tatsache der erblichen Anlage. Zu den Auslösungsfaktoren, die eine Ausbildung und die Entwicklung dieser Krankheit begünstigen können, gehören sicher Übergewicht, hoher Salzverzehr und, unter bestimmten Bedingungen, schädigende Umwelteinflüsse. Lärmbelästigung, Fließbandmonotonie, »Managertum«, Leistungsdruck, Existenzangst – das sind die Begriffe zur Kennzeichnung derartiger Negativeinflüsse.

Daß der Bluthochdruck als Risikofaktor für Herzinfarkt anzusehen ist, wurde bereits gesagt (→ Seite 48), auch die Entwicklung der Gefäßverkalkung *(Arteriosklerose)* wird durch Hypertonie beschleunigt und ein Hirnschlag *(Apoplex)* kann die direkte Folge sein.

Bei regelmäßig durchgeführtem Autogenem Training sinkt der bei der Hypertonie erhöhte Blutdruck, abhängig vom Ausgangswert, allmählich um rund 40 mm Hg in seinem oberen (systolischen) Wert; in dem unteren Wert (diastolisch) beträgt die durchschnittliche Blutdrucksenkung etwa 20 mm Hg. Für diese in den meisten Fällen sehr wesentliche Senkung ist unter anderem der gefäßtrainierende Effekt des Autogenen Trainings verantwortlich (→ Seite 32).

Auch ein zu niedriger Blutdruck *(Hypotonie)*, der zwar nicht lebensbedrohend ist wie der Bluthochdruck, sich jedoch für den Betroffenen sehr unangenehm in Schwindelattacken oder gar Ohnmachtsanfällen äußern kann, läßt sich durch Autogenes Training beheben. Ebenso die Durchblutungsstörungen an Händen und Füßen.

Zusammenfassend gilt: Autogenes Training reguliert den psychisch bedingten zu hohen und den zu niedrigen Blutdruck auf normale Werte ein.

Autogenes Training und Asthma

Asthma gehört, ebenso wie der Bluthochdruck, zu den sogenannten Volkskrankheiten; 1 bis 7 % der Bevölkerung leiden an dieser Erkrankung der Bronchien. Unter anderen wirken entzündliche, allergische, seelische und sicher auch Erbfaktoren bei seiner Entstehung zusammen. Neben einer Schleimhautschwellung und vermehrter Schleimbildung in den Bronchien kommt es zu einer massiven Verkrampfung der unwillkürlichen Bronchialmuskulatur. Dies führt zu quälenden Anfällen von Atemnot. Vor allem die Ausatmungsphase, ein passiver Vorgang (→ Seite 35), ist erschwert: Die Atemluft, die ein Asthmakranker durch das bei ihm mit Schleim verlegte Röhrensystem Bronchien unter Einsatz aller zur Verfügung stehender Muskeln zwar in die Lunge eingeatmet hat, kann nicht mehr vollständig – passiv – herausströmen. Sie muß vielmehr gegen den Widerstand der verengten Bronchien mit Muskelkraft herausgepreßt werden. Das Gefühl, während eines Anfalls wie ein Ball aufgepumpt zu sein, ist sicher auch ein Grund für die Atemnot, die der Asthmakranke empfindet. Und es ist ein Grund dafür, daß er den nächsten Anfall fürchtet – Angst wiederum hat die Muskelverkrampfung zur Folge.

Hilfe bei Anfällen von Atemnot

Mit Hilfe des Autogenen Trainings kommt es zur Entspannung der Bronchialmuskulatur. Durch Einüben der Atemeinstellung gewinnt der Atemvorgang allmählich seinen selbständigen Charakter zurück. Gezielte Übungen mit speziellen Formeln können zusätzlich eine Abschwellung der Schleimhaut und damit eine Verminderung des in den Bronchien abgelagerten Schleims bewirken. Die Angst des Asthmakranken vor seinem nächsten Anfall kann abgebaut werden.

Zum Erlernen des Autogenen Trainings bedarf der Asthmakranke unbedingt der Unterweisung durch einen erfahrenen Arzt. Häufig wird diese Unterweisung sogar unter stationären Bedingungen erfolgen müssen.

Es ist verständlich, daß Asthmakranken mit Autogenem Training allein nicht geholfen ist; es gibt schwere und leichtere Aus-

51

prägungen dieser Erkrankung, und nicht jeder Patient kann es lernen, einem drohenden Asthmaanfall mit Hilfe des Autogenen Trainings entgegenzuwirken. In jedem Fall kann Autogenes Training aber als ein Teil der umfassenden Asthmatherapie gelten. Immer wird die medikamentöse sowie die krankengymnastische Behandlung einen großen Stellenwert einnehmen.

Autogenes Training und Rheuma

Sowohl bei der rheumatischen Gelenkentzündung *(chronische Polyarthritis)* und dem akuten Gelenkrheumatismus als auch bei dem sogenannten Weichteilrheumatismus spielen Schmerzen, eine erhöhte Muskelspannung und Schwellungen der Gelenke die zentrale Rolle im Krankheitsgeschehen.

Hilfe bei der Mobilisierung

Das Wichtigste bei der Behandlung der rheumatischen Erkrankungen ist die Bewegung. Wie aber kann ein Mensch dazu motiviert werden, die notwendige Gymnastik und speziell die Übungen für das erkrankte Gelenk Tag für Tag durchzuführen, wenn ihm bereits das Heben des Armes oder nur ein Schritt Schmerzen bereiten? Bei schweren Verlaufsformen der Erkrankung muß der Arzt mit Hilfe von Schmerzmitteln seinem Rheumapatienten die Bewegung erträglich machen, immer jedoch sollte versucht werden, ohne viele Schmerzmittel auszukommen. Das Autogene Training mit seiner muskelentspannenden, gefäßerweiternden und schmerzlindernden Wirkung kann dem Patienten eine wesentliche Hilfe vermitteln.

Autogenes Training und weitere Erkrankungen

Im folgenden eine kurze Zusammenstellung weiterer Funktionsstörungen und Erkrankungen, bei deren Behandlung das Autogene Training erfolgreich eingesetzt werden kann: funktionelle Herzbeschwerden wie Herzjagen, Herzrasen, Herzstolpern, die *Angina pectoris* (die »Brustenge«) und der Herzinfarkt (→ auch Seite 47).

Hilfe nach dem Herzinfarkt

Vor allem nach Herzinfarkt kann Autogenes Training sehr wichtig sein. Jeder Infarktpatient lebt zunächst in Angst vor einem Reinfarkt. Hinzu kommt bei vielen Patienten gerade nach diesem Ereignis Existenzangst, die Angst, im beruflichen oder persönlichen Bereich zu »versagen«. Die innere Ausgeglichenheit, die ihm das Autogene Training vermittelt, kann dem Patienten helfen, diese Angst abzubauen und die notwendige Umstellung seiner Lebensweise leichter zu bewältigen. Autogenes Training sollte aber stets erst nach Rücksprache mit dem Arzt und natürlich, wie bei allen in diesem Kapitel beschriebenen Krankheiten, unter sachkundiger Vermittlung erlernt werden.

Auch bei chronischer Magenentzündung *(Gastritis),* bei Magen- und Dünndarmgeschwüren, bei Reizkolon sowie bei Dünndarmentzündung *(Ileitis terminalis),* bei der geschwürigen Dickdarmentzündung *(Colitis ulcerosa)* sowie unter Umständen bei chronischer Verstopfung kann die Behandlung durch Autogenes Training wirkungsvoll ergänzt werden, außerdem beim nervösen Atemsyndrom und bei Beweglichkeitsstörungen der Speiseröhre (Globusgefühl, Luftschlucken). Auch bei Kopfschmerzen, psychogenen Schulter-, Kreuz- und Rückenschmerzen, bei Schlaf-

Hilfe bei störungen (→ Seite 41) und verschiedenen Störungen der Sexua-
Störungen der lität wie psychogene Impotenz, vorzeitige Ejakulation, Vaginis-
Sexualität mus, Regelschmerzen kann Autogenes Training in die Behandlung einbezogen werden, sowie bei muskulärem Schiefhals, Schreibkrämpfen, allergischen Erkrankungen, Hautekzem und funktionellen Blasenbeschwerden. Die Möglichkeit der Therapie mit Autogenem Training des funktionell Sprachgestörten (Stotterers) wurde bereits ausführlich dargestellt (→ Seite 39).

Abschließend zu diesem Kapitel sei ein Satz von Prof. Dr. med. Langen zitiert, der nicht nachdrücklich genug unterstrichen werden kann:
Nicht jede Krankheit, die psychosomatisch sein kann, muß es auch sein!

Autogenes Training und seelische Störungen (»Neurosen«)

Grundsätzlich ist das Autogene Training bei allen Formen von seelischen Störungen als Therapie zu empfehlen. Es hängt jedoch weitgehend vom Einzelfall ab, mit welchen psychotherapeutischen Methoden es kombiniert wird.

Die folgende Zusammenstellung soll nur einen groben Überblick über die wichtigsten seelischen Störungen geben:

Abnorme seelische Reaktionen (Fremdneurosen), zum Beispiel depressive Erlebnisreaktionen, Konfliktreaktionen, wie sie bei Studium und Prüfung auftreten können.

Abnorme seelische Entwicklungen (Rand- und Schichtneurosen), zum Beispiel Phobien, Zwangssyndrome – wobei die Wirksamkeit des Autogenen Trainings jedoch meist eingeschränkt ist –, hysterische Syndrome und andere.

Abnorme Persönlichkeitsentwicklungen – Persönlichkeitsstörungen (Kern- oder Charakterneurosen), wie sie beispielsweise bei selbstunsicheren, hypochondrischen und depressiven Persönlichkeiten vorliegen.

Sexuelle Verhaltensabweichungen.

Alkoholmißbrauch.

Medikamenten- und Drogenabhängigkeit.

Autogenes Training und Schmerz

Schmerz ist immer sowohl ein körperliches als auch ein seelisches Geschehen zugleich (Prof. Dr. med. Langen). Die außerordentlich komplexe Natur des Schmerzes soll hier nicht ausführlich erörtert werden – nur auf einige wichtige Dinge möchte ich hinweisen. Schmerz ist mit naturwissenschaftlichen Methoden nicht vollständig erfaß- oder meßbar. Immer ist er zusammengesetzt aus einem schmerzverursachenden Reiz als »Sender« und dem Bewußtsein des Betroffenen als »Empfänger«. Die Schmerzempfindlichkeit, die Reizschwelle für einen Schmerz, ist individuell verschieden. Außerdem schwankt die Fähigkeit eines Menschen, Schmerzen zu ertragen, mit seiner jeweiligen seelischen Verfassung. Ist das Allgemeinbefinden schlecht, die seelische Verfassung labil, dann kann ein Schmerz intensiver empfunden werden als in einer Phase heiterer Gelassenheit und guter körperlicher Verfassung. Auch die Tageszeit spielt beim »Schmerzerlebnis« eine Rolle. Auf einen so starken Reiz, wie er ausgelöst werden kann durch Schmerz, reagiert unter anderem das vegetative Nervensystem (→ Seite 22) empfindlich in Form von Atembeschleunigung, Anstieg der Herzfrequenz und Schweißausbruch.

Die nachweisliche therapeutische Wirkung des Autogenen Trainings bei ganz verschiedenartigen Schmerzen läßt sich vor allem durch zwei Mechanismen erklären:

Reduzierung der Schmerzwahrnehmung

Psychologisch: Wie bereits erklärt, führt das Autogene Training zu einer Einengung des Bewußtseins (→ Seite 20). Es gelingt dem Übenden zunehmend, seine Gedanken auf einen selbstgewählten Punkt zu fixieren; alle übrigen Gedanken und Wahrnehmungen geraten dabei zunehmend ins Halbdunkel – so auch der Schmerz. Das Beispiel von der allmählichen Abdunklung einer Bühne, auf deren Mitte ein hellstrahlender Punktscheinwerfer gerichtet ist, erläutert das sehr anschaulich.

Physiologisch: Die Muskelentspannung führt zu einer Abnahme der zentripetalen Weckreaktion (arousal reactions, → Seite 22), hierdurch wird der allgemeine Wachheitsgrad (Vigilanz) gesenkt. Dies wiederum wird bestimmten Gehirnzentren (Thalamus, limbisches System) mitgeteilt, wo der Sitz der Schmerzempfindung und der gefühlsmäßigen (affektiven) Schmerzwahrnehmung und -verarbeitung angenommen wird. Die affektive Resonanzdämpfung des Autogenen Trainings führt zu einer »Entkoppelung« des Schmerzerlebnisses – subjektive Schmerzempfindung und Schmerzlokalisation werden »entflochten«.

Jemand, der Schmerzen empfindet – so läßt sich dies vereinfacht erklären –, könnte nach dem Erlernen des Autogenen

Trainings sagen: »Ich spüre den Schmerz zwar noch, aber er tut mir nicht mehr so weh.«

*AT in der
Anästhesie*

Die schmerzlindernde Wirkung des Autogenen Trainings spielt vor allem in der Anästhesie (Ausschaltung der Schmerzempfindung durch Narkose) und bei der Analgesie (Aufhebung der Schmerzempfindung) eine Rolle; bei Gabe von Narkosemitteln und gleichzeitiger Anwendung von Autogenem Training werden weniger Medikamente zur Schmerzausschaltung gebraucht. Zahnschmerzen lassen sich durch Autogenes Training ebenso erleichtern oder beheben wie verschiedene Formen von Kopfschmerzen. Vor allen Dingen beim Spannungskopfschmerz führt das Autogene Training auch aufgrund seiner Gefäßwirksamkeit sehr häufig zu Schmerzfreiheit. Vor allem aber chronische Schmerzzustände, die eine langfristige Einnahme von hochdosierten Schmerzmitteln erfordern, können durch Autogenes Training positiv beeinflußt werden.

Autogenes Training und Geburt

*AT und
Schwanger-
schaftsgymnastik*

Gerade in der Geburtshilfe hat sich das Autogene Training, wenn es während des Geburtsvorganges praktiziert wird, sehr positiv ausgewirkt. In Geburtsvorbereitungskursen wird den Schwangeren, meist in Verbindung mit speziellen gymnastischen Übungen, das Autogene Training vermittelt. Die wichtigsten Ergebnisse der durchgeführten umfangreichen Untersuchungen*:

- Der Geburtsschmerz nahm bei über eintausend beobachteten Geburten, vor allem in den ersten beiden Dritteln der Eröffnungsperiode, eindeutig ab.
- Die Gesamtzeit der Geburt verkürzte sich um durchschnittlich zwei Stunden.
- Im Vergleich zu anderen Frauen benötigten Gebärende, die sich des Autogenen Trainings bedienten, um etwa 30 % weniger Wehentätigkeit zur Geburt ihres Kindes.

Kontraindikationen des Autogenen Trainings

Bei welchen Erkrankungen ist eine Behandlung mit Autogenem Training nicht anzuraten, beziehungsweise bei welchen Erkrankungen ist es unter Umständen sogar kontraindiziert?

Die echten Gemüts-und Geisteskrankheiten dürfen auf keinen Fall mit Hilfe des Autogenen Trainings behandelt werden. Für Patienten, die an einer endogenen Depression, einer Schizophrenie oder einer sogenannten »körperlich begründbaren« Psychose

---

* Nach Prill 1965, »Correlationes Psychosomaticae«, Herausgeber W. Luthe.

leiden, wie sie bei Hirntumoren oder schweren Hirnverletzungen auftreten kann, kommt Autogenes Training nicht in Frage!

Neben Patienten mit diesen echten Geistes- und Gemütskrankheiten ist eine weitere Gruppe von Patienten zu erwähnen, die durch eine abnorm gesteigerte Gewissenhaftigkeit charakterisiert sind. Wir bezeichnen dieses Krankheitsbild als »Zwangssyndrom«. Bei leichteren Formen kann die Durchführung des Autogenen Trainings versucht werden, bei allen schwereren aber sollte man es nicht praktizieren. Denn gerade die abnorm gesteigerte Gewissenhaftigkeit dieser Menschen und ihr ständiges Bedürfnis, Vorgänge zu kontrollieren, stehen der im Autogenen Training geforderten passiven Konzentration entgegen: Je mehr Mühe oder gar Verbissenheit in die Realisierung verschiedener Phänomene des Autogenen Trainings gesetzt werden, um so weniger ist schließlich zu erreichen.

Bei frischen Herzinfarkten und dekompensierten Herzleiden ist eine Zurückhaltung in der Anwendung des Autogenen Trainings zu empfehlen.

AT als Ergänzung klinischer Behandlung

Bei den gerade erwähnten Krankheiten kann man davon ausgehen, daß die Patienten sich in strenger klinischer Behandlung befinden – in jedem einzelnen Fall muß der behandelnde Arzt die Entscheidung treffen, ob durch die Anwendung von Autogenem Training eine Hilfe zu erwarten ist. Wir erleben es immer wieder, daß das Autogene Training selbst in aussichtslosen Fällen eine Hilfe darstellen kann, weil es den einzelnen infolge der Selbstversenkung in die Lage versetzt, schwere Krankheitszustände wenn schon nicht zu überwinden, so doch besser zu ertragen.

Autogenes Training: Hilfe zur Selbsthilfe

Neben der Ausschöpfung aller diagnostischen und therapeutischen Möglichkeiten zur Behandlung einer Krankheit gewinnen übende, die Selbstheilungstendenzen des Patienten fördernde Verfahren wie das Autogene Training immer mehr an Bedeutung. Schon heute ist diese leicht lehr- und lernbare, Seele und Körper des Menschen gleichermaßen erfassende Methode die am häufigsten angewandte Form der Psychotherapie. Sie stellt auch für den nicht tiefenpsychologisch geschulten Arzt das Rüstzeug dar für eine umfassendere Behandlung seiner Patienten und vertieft das Vertrauen, das Basis sein muß für eine beide Partner befriedigende Arzt-Patient-Beziehung.

Nachwort des Autors an die Kollegen unter den Lesern

Ärzte und Therapeuten unter den Lesern dieses Buches haben Anspruch auf die Beantwortung von zwei Fragen, die in unmittelbarem Zusammenhang miteinander stehen:
Warum Beschränkung auf die Grundübungen?
Warum schon wieder ein Buch über Autogenes Training?

Bereits im Vorwort ist kurz begründet, warum sich das »Autogene Training für jeden« auf die Ruhe-, Schwere-, Wärme und Atem-Übungen beschränkt. Langjährige eigene praktische Erfahrungen mit dem Autogenen Training, aber auch wissenschaftliche Untersuchungen sprechen für eine vereinfachte Form dieser konzentrativen Selbstentspannung; meine Argumente dafür möchte ich hier zusammengefaßt darstellen.

Das spricht für die vereinfachte Form

- Durch das Weglassen der Organübungen wird die Konzentrationskette wesentlich kürzer. Man vergleiche »*Ruhe - Schwere - Wärme - es atmet mich*« mit der Konzentration einschließlich aller Organübungen »*Ruhe - Schwere - Wärme - es atmet mich - Herz schlägt ruhig und kräftig - Sonnengeflecht strömend warm - Stirn angenehm kühl*«. Es ist nicht jedermanns Sache, die Konzentration für eine befristete Zeit auf eine so lange Konzentrationskette einzustellen. Viele der anfangs begeistert Übenden, die das Autogene Training nach einer Weile wieder aufgaben, erklärten, daß sie nicht die Zeit gefunden hätten, regelmäßig zu üben.
- Paradoxe Reaktionen beim Einüben der Herz-Bauch-Stirn-Übungen stellen oft den Erfolg der gesamten Bemühungen in Frage. Während es beim Erlernen der Ruhe-Schwere-Wärme-Atem-Übungen in der Regel keine Schwierigkeiten gibt, kommt es bei den Organübungen relativ häufig zu negativen Reaktionen. Zum Beispiel reagieren funktionell Herzgestörte bei der Herzübung oft mit Angst und Pulsbeschleunigung,

Schwierigkeiten bei den Organübungen

Menschen mit nervösen Magenbeschwerden neigen bei der Sonnengeflechtsübung zu einer vermehrten Anspannung, und bei der Stirnkühleübung kommt es nicht selten zu Kopfschmerzen. Das Auftreten dieser unerwünschten Erscheinungen und Schwierigkeiten bei den Organübungen wird von erfahrenen Ärzten, auch wenn sie sich weiterhin der Schultzschen Originalmethode verpflichtet fühlen, bestätigt.

- Die Stirnkühleübung hat erwiesenermaßen kein physiologisches Korrelat. Eine bislang noch unveröffentlichte Untersuchung von Piepenhagen und Mann, die bei einer großen Zahl von langzeittrainierten Probanden vorgenommen wurde, ergab, daß es bei der Stirnkühleübung nicht zu einer Abkühlung, sondern – im Gegenteil – zu einer Erwärmung der Stirn kommt. Es dürfte sich beim subjektiven Empfinden der Stirnkühle somit um ein psychologisches Phänomen handeln. Es beruht wahrscheinlich darauf, daß sich die Stirn im Vergleich zum übrigen Gesicht geringer erwärmt; das wird vom Übenden als »Stirnkühle« empfunden.

Keine positiven Erlebnisse

- Eine nicht geringe Zahl der Menschen, die das Autogene Training einschließlich aller Organübungen zu erlernen versuchten, berichteten, daß sie bei den Herz-Bauch-Stirn-Übungen zwar keine der soeben beschriebenen negativen Reaktionen erlebten, aber auch keine positiven wie bei den Ruhe-Schwere-Wärme-Übungen. Das mag an einer zu hohen Erwartungshaltung der Übenden liegen, die sich von den Organübungen meist sehr viel versprechen, oder eben daran, daß das »Erfolgserlebnis« ja bereits früher auftrat – nämlich beim Umschaltvorgang mit den Ruhe-Schwere-Wärme-Übungen.

Die hier geschilderten Nachteile bei der Anwendung aller Organübungen für den Anfänger haben zu der Beschränkung des Autogenen Trainings auf die Grundübungen einschließlich der Atem-Übung geführt. In langjährigen Erfahrungen haben wir die Beobachtung gemacht, daß ein wesentlich höherer Prozentsatz der Übenden dann beim Autogenen Training verbleibt, wenn lediglich die Ruhe-Schwere-Wärme-Atem-Übungen vermittelt werden. Da das Wichtigste des Autogenen Trainings das regelmäßige Üben ist, war somit ein Weg gefunden, möglichst viele Menschen an den Übungen zu halten. Entscheidend in diesem Zusammenhang war die Erkenntnis, daß es bereits allein mit den Übungen der Grundstufe einschließlich der Atem-Übung zur Muskel- und Gefäßentspannung und damit zum gewünschten Umschaltprozeß kommt. Das konnte durch viele Untersuchungen immer wieder bestätigt werden. An dieser Stelle ist auch eine sehr detaillierte und ausführliche Untersuchung von Schrapper zu erwähnen: Im Vergleich zu einer Kontrollgruppe von Probanden, die kein Autogenes Training machten, konnte bei den Personen, die die vereinfachte Form des Autogenen Trainings übten, eine Abnahme von Ängstlichkeit, Deprimiertheit, Müdigkeit, Erregtheit und eine Zunahme von Aktiviertheit, Selbstsicherheit und Extravertiertheit festgestellt werden.

Auch Untersuchungen sprechen dafür

Die hier beschriebenen Erfahrungen und die genannten Untersuchungen sprechen eindeutig dafür, daß sich Anfänger der in diesem Buch vorgestellten vereinfachten Form des Autogenen Trainings bedienen sollten. Damit ist selbstverständlich nicht ausgeschlossen, daß jemand, der die Grundübungen bereits beherrscht, später auch alle Organübungen erlernen kann, um die in der Ruhe-Schwere-Wärme-Atem-Übung erfolgte Umschaltung im Organbereich zu vertiefen; er sollte aber die Herz-Bauch-Stirn-Übungen nur mit Hilfe eines erfahrenen Lehrers einüben.

Warum ich dieses Buch geschrieben habe

Die zweite Frage, auf die ich Ihnen noch eine Antwort schuldig bin: *Warum schon wieder ein Buch über Autogenes Training?*
Da diese Frage, selbst nach der soeben dargestellten Begründung für die vereinfachte Form des Autogenen Trainings, nicht unberechtigt ist, möchte ich kurz erläutern, warum ich dieses Buch geschrieben habe.
Bis 1970, dem Todesjahr von I. H. Schultz, sind nur wenige Bücher über das Autogene Training erschienen, einige davon mit recht anspruchsvollen Titeln wie »Handbuch« oder »Lehrbuch«. Man kannte bis dahin hauptsächlich die beiden Bücher von Schultz »Das Autogene Training, konzentrative Selbstentspannung« und das »Übungsheft für das Autogene Training«, außerdem das in englischer Sprache erschienene Buch von Schultz und Luthe »Autogenic Training« und einen Sammelband zum 80. Geburtstag von Schultz, den Luthe unter dem Titel »Autogenes Training« herausgegeben hat.
Nachdem der Urheber der konzentrativen Selbstentspannung gestorben war, wuchsen die Bücher über das Autogene Training wie Pilze aus der Erde. »Der Vater ist tot, nun freuen sich die Kinder, daß sie auch ihre Meinung drucken dürfen« – diese Erklärung klingt vielleicht billig; sie ist aber sicher nicht ganz falsch. Ich könnte es anhand eigener Erfahrungen belegen; lassen wir aber besser Helmut Binder, einen treuen Gefolgsmann von Schultz, dazu etwas sagen:
»Seitdem I. H. Schultz, der Begründer des autogenen Trainings, verstarb, sind jedes Jahr neue Schriften über das autogene Training herausgegeben worden. Es drängt die Schüler von I. H.

Schultz und andere, ihre eigenen Erfahrungen mit dem autogenen Training bekanntzugeben. Leider sind bei diesen Ausführungen zum Teil erhebliche Abweichungen von den Grundideen von I. H. Schultz festzustellen, die nicht ohne weiteres als förderliche Entwicklung angesehen werden können. Es erscheint mir unbedingt notwendig, die klassische Methode von I. H. Schultz wieder ganz konkret in Erinnerung zu bringen. Dazu gehören Reflexionen darüber, was Schultz in vielen Sonderbeiträgen wirklich ausgesagt hat und was er mit seinem autogenen Training beabsichtigte. Es gilt auch, zwischen den verschiedenen Wunschvorstellungen beim autogenen Training und seinen eigentlichen realen Möglichkeiten zu differenzieren.«

Wunschvor-
stellungen und
reale Möglich-
keiten

Es besteht kein Zweifel darüber, daß es in vielen Büchern über das Autogene Training zu erheblichen Abweichungen von den Schultzschen Grundgedanken gekommen ist. Sie als »Denaturierungen« zu bezeichnen, wie andere Autoren es gelegentlich tun, erscheint mir nicht immer gerechtfertigt. Es ist meiner Meinung nach durchaus natürlich und bis zu einem gewissen Punkt auch nicht zu kritisieren, daß die meisten Autoren ihre Gedanken und Erfahrungen in das jeweilige Buch eingebracht haben. So wie jeder das Recht hat, *sein* Autogenes Training zu lernen, so hat auch der Vermittler das Recht, seine eigenen Vorstellungen in die Übungen einzubringen. Plan und Gerüst, mit deren Hilfe ein Haus gebaut wird, sollten übereinstimmen; aber erst die individuellen Ausgestaltungen machen den uniformen Bau zu einem bewohnbaren Heim.

Denaturierung
des Autogenen
Trainings

Ein anderes Problem muß viel ernster gesehen werden: Es betrifft die Flut von Schallplatten und Tonbändern, die vorgeben, *autogenes* Training zu vermitteln. Hier wird jedoch über die Stimme des Übungsleiters eine Heterosuggestion erzielt, die den Übenden in eine nicht gewollte Abhängigkeit bringt. Die Ablösung von diesem Suggestor, ja, man ist geneigt, »Hypnotisator« zu sagen, dürfte noch wesentlich schwieriger sein als die von einem Menschen aus Fleisch und Blut. Man kann ihn, den Tonbandsprecher, ja immer in der Tasche tragen und auf Knopfdruck seine Stimme abrufen. Hier muß man tatsächlich von einer »Denaturierung« des autogenen Charakters dieses Verfahrens sprechen; es hat mit dem, was I. H. Schultz unter autogenem Training verstand, nur noch wenig zu tun. Wer diese Ausführungen für übertrieben hält, höre sich einmal die Elaborate an und lasse sich von der meist unnatürlichen Stimme des Sprechers »berieseln«.

Natürlich habe ich mir auch die Frage gestellt, ob ein Buch das geeignete Medium zur Vermittlung des Autogenen Trainings sein kann oder ob es immer eine vortragende Person sein muß, die es dem Übenden nahebringt. Es besteht kein Zweifel daran, daß die persönliche Vermittlung schon immer ein zentrales Element des Autogenen Trainings gewesen ist; daß sie jedoch über das gesprochene Wort gehen muß, steht nirgends geschrieben. Vielleicht wird *das Autogene*, das von vielen Autoren so hoch, um nicht zu sagen »heilig« gehalten wird, beim Lesen eines geschriebenen Wortes sogar noch besser erkennbar.

Das sind die Gedanken, die mich bewogen haben, ein neues Buch über das Autogene Training nach Schultz zu schreiben. Ich tat es in der Hoffnung, daß es dem Menschen unserer Zeit Nutzen bringt.

Mainz, im Februar 1980   Prof. Dr. med. Dietrich Langen

Am 20. März 1980 starb Prof. Dr. med. Langen. Bis zuletzt war er in Therapie, Lehre und Forschung an prominenter Stelle tätig. Die von ihm entwickelte *gezielte* oder *steuernde Analyse, Autogenes Training* und die von Prof. Dr. Dr. med. Ernst Kretschmer entwickelte *Gestufte Aktivhypnose* waren Schwerpunkte einer außergewöhnlich fruchtbaren Forschertätigkeit. Nach über vierzigjähriger Erfahrung mit der ärztlichen Vermittlung des Autogenen Trainings beschäftigten ihn in den letzten Jahren mehr und mehr Überlegungen, wie das Autogene Training den Menschen direkt und auf unkomplizierte Weise zugänglich zu machen sei. Diese Überlegungen führten schließlich zu der Entwicklung der vereinfachten Form des Autogenen Trainings, die er in dem Manuskript für dieses Buch niederlegte.

Die Bitte von Frau Margarethe Langen und die des Verlages, das von Herrn Professor Langen hinterlassene Manuskript zu überarbeiten und zu ergänzen, bedeuteten für mich sowohl Verpflichtung als auch ehrende Aufgabe, die ich selbstverständlich und gerne übernommen habe.

Tübingen, im Juni 1981   Dr. med. Karl Mann

Sachregister

Affektive Resonanzdämpfung 11, 12, 54
Aggressionen 48
Akustische Orientierung 26, 33
Alkoholentwöhnung 40
Alkoholmißbrauch 53
Alkoholtrinken 38
Allergische Erkrankungen 53
Alltagsprobleme 38, 44
Analgesie 55
Anästhesie 55
Angina pectoris 47, 52
Apoplex 50
Arteriosklerose 50
Asthma 51
Atem-Einstellung 36
Atem-Übung 10, 35
Atemsyndrom, nervöses 53
Atmung 27, 35
Atmungsverlangsamung 23
Ausatmungsphase 27, 35, 36
Ausatmungsverstärkung 27, 33
Autonomes Nervensystem 22, 30, 32, 49, 54

Bauch-Übung 57
Bauchatmung 36
Begleiterscheinungen
– Gesamtumschaltung 34
– Schwere-Übung 21, 22
– Wärme-Übung 32
Bewußtseinsfeld, Einengung 21
Bewußtseinskern, überwacher 21
Bewußtseinsveränderungen 20
Blasenbeschwerden, funktionelle 53
Blutdruck 50
Blutdrucksenkung 23
Blutfettwerte, erhöhte 48
Blutgefäße 32
Bluthochdruck 33, 48, 50
Brustatmung 36
Brustenge 47, 52

Colitis ulcerosa 53

Depression, endogene 55
Dickdarmentzündung 53
Drogenabhängigkeit 53
Droschkenkutscherhaltung 14, 15
Dünndarmentzündung 53
Dünndarmgeschwüre 53
Durchblutung, Verbesserung 12, 32
Durchblutungsstörungen 51

Ehrgeiz, krankhafter 48
Einatmungsphase 27, 35
Einschlafstörungen 38
Erholungsfähigkeit, Verbesserung 11

Fallversuch 23, 24
Formelhafte Vorsatzbildung 13
Funktionelle Störungen 49
Funktionsstörungen, psychosomatische 49

Gastritis 53
Geburt 55
Gedächtnisleistung, Verbesserung 12
Gefäßsystem 19, 32
Gefäßverkalkung 50
Geisteskrankheiten 55
Gelenkrheumatismus 52
Gemütskrankheiten 55
Generalisation 28
Generalisation, überstürzte 25
Gesamtumschaltung, organismische 34, 38, 58
Gestufte Aktivhypnose 49
Globusgefühl 53

Hautekzem 53
Herz-Übung 57
Herzbeschwerden, funktionelle 52
Herzinfarkt 47, 52
Herzkrankheiten 47
Hirnschlag 50
Hypertonie 33, 48, 50
Hypotonie 50

Ileitis terminalis 53
Indifferenzhaltung 38

Kälte-Wärme-Regulation 30
Kerntemperatur 23
Kontraindikation AT 55
Konzentration 19
Konzentrationsfähigkeit 26
Konzentrationsschwierigkeiten 26
Konzentrative Selbstentspannung 19
Kopfschmerzen 53, 55
Koronare Herzkrankheiten 47
Körperschema, Veränderung 34
Krankheiten, psychosomatische 49
Kreislauf 30
Kreuzschmerzen, psychogene 53

Lampenfieber 12
Längstyp 28, 31
Leistungsfähigkeit, Verbesserung 12
Lernfähigkeit, Verbesserung 12
Liegehaltung 14
Luftschlucken 53

Magenentzündung, chronische 53
Magengeschwüre 53
Medikamentenabhängigkeit 53
Monotonie 20

Motorische Orientierung 26, 33
Muskelentspannung 21, 22
Muskelkater 24
Muskelleistung, Verbesserung 12
Muskeltonus 22
Muskulatur 19

Nackenmuskulatur, Spannung 24
Narkose 55
Nervensystem
–, autonomes 22, 30, 32, 49, 54
–, peripheres 22
–, vegetatives 22, 30, 32, 49, 54
Neurosen 53
Nikotinentwöhnung 40

Optische Orientierung 26, 33
Organismische Gesamtumschaltung 34
Organübungen 57
Orientierung
–, akustische 26, 33
–, motorische 26, 33
–, optische 26, 33

Parasympathikus 22, 49
Pathomorphologisches Substrat 49
Pendelversuch 9, 18, 24
Peripheres Nervensystem 22
Persönlichkeitsformel 42
Polyarthritis, chronische 52
Psychobiologisches Grundgesetz
–, erstes 19
–, zweites 28
Psychohygiene 47
Psychose, körperlich begründbare 55
Psychosomatische Funktionsstörungen 49
Psychosomatische Krankheiten 49
Psychovegetative Syndrome 49
Pupillenverengung 23

Quertyp 28, 31

Rauchen 13, 38, 48
Reizkolon 53
Rektaltemperatur 23
Resonanzdämpfung, affektive 11, 12, 54
Rheuma 52
Risikofaktoren 47
Rückenschmerzen, psychogene 53
Rücknahme 9, 16
Ruhe-Konzentration 19
Ruhe-Schwere-Konzentration 9, 29
Ruhe-Schwere-Wärme-Konzentration 31
Ruhetönung 20

62

Schiefhals, muskulärer 53
Schizophrenie 55
Schlaffähigkeit, Verbesserung 11
Schlafstörungen 11, 13, 38, 41, 53
Schmerz 54
Schmerzwahrnehmung, Verringe-
rung 11
Schmerzzustände, chronische 55
Schreibkrämpfe 53
Schulterschmerzen, psychogene 53
Schwere-Übung 20
–, Begleiterscheinungen 21, 22
Schwereerlebnis 21, 28
Schwindel 33
Seelische Störungen 53
Selbstentspannung, konzentrative 19
Sexualität, Störungen 53
Sitzhaltungen 14, 15
Sonnengeflechtsübung 58

Spannungskopfschmerzen 55
Speiseröhre, Störungen 53
Sprachstörungen 38, 43
Stirn-Übung 57
Störungen, funktionelle 49
Störungen, seelische 53
Stottern 13, 39, 43
Streß 11
Suchtkranke 40
Sympathikus 22, 49

Übergewicht 48
Übungshaltungen 13, 14
Übungsort, -zeit 13

Vegetatives Nervensystem 22, 30,
32, 49, 54
Versenkungsatmung 37
Verstopfung, chronische 53

Vigilanz 22, 35, 54
Vorsorgemedizin 47

Wach-Schlaf-Steuerung 13
Wachheitsgrad 22, 35, 54
Wandspruchartige Leitsätze 10, 13,
38, 49
Wärme-Kälte-Regulation 30
Wärme-Konzentration 9
Wärme-Übung 30
–, Begleiterscheinungen 32
Weckreaktionen, zentripetale 22, 34,
54

Zahnschmerzen 55
Zentralnervensystem 22
Zentripetale Weckreaktionen 22, 34,
54
Zielvorstellungen AT 11
Zwangssyndrom 56

Literatur

für den Fachmann und den Laien

Bei den bibliographischen Angaben zu den wissenschaftlichen
Publikationen wurden die inter-
national gebräuchlichen Abkür-
zungen verwendet.

Barolin, G. S., *Hirnelektrisches Kor-
relat in hypnoiden Zuständen,*
Fortschr. Neur. Psychiat. 4,
228–246 (1968).
Barolin, G. S., *Autogenes Training
heute,* Münch. med. Wschr. 120,
(1978).
Binder, H., *Seminar über Gruppen-
therapie mit dem autogenen Training
und Einführung in die Hypnose,* 3.
Auflage, Lehmann Verlag, Mün-
chen (1971).
Coué, E., *Ce que j'ai fait,* Verlag Pier-
son, Nancy (1924).
Halhuber, C., *Vom Raucher zum
Nichtraucher,* Gräfe und Unzer
Verlag, München.
Halhuber, M. J. und C., *Sprechstunde:
Herzinfarkt,* Gräfe und Unzer Ver-
lag, München.
Heimann, H., Th. Spoerri, *Elektro-
encephalografische Untersuchungen
an Hypnotisierten,* Mschr. Psychiat.
Neurol. 4, 261 (1953).
Kretschmer, E., *Gestufte Aktivhyp-
nose,* in: Handbuch der Neurosen-

lehre, Band 4, Verlag Urban &
Schwarzenberg, München (1959).
Langen, D., *Archaische Ekstase und
asiatische Meditation,* Hippokrates
Verlag, Stuttgart (1963).
Langen, D. (Hrsg.), *Der Weg des
autogenen Trainings,* Wiss. Buch-
gesell. Darmstadt (1968).
Langen, D., Th. Spoerri (Hrsg.), *Hyp-
nose und Schmerz,* Karger Verlag,
Basel (1968).
Langen, D., *Gestufte Aktivhypnose,*
4. Auflage, Thieme Verlag, Stutt-
gart (1972).
Langen, D., *Kompendium der medizi-
nischen Hypnose,* Karger Verlag,
Basel (1972).
Langen, D., *Psychotherapie,* 4. Aufl.,
Thieme Verlag, Stuttgart (1978).
Langen, D., *Sprechstunde: Schlafstö-
rungen,* Gräfe und Unzer Verlag,
München.
Luthe, W. (Hrsg.), *Autogenes Trai-
ning,* Correlationes Psychosomati-
cae, Thieme Verlag, Stuttgart
(1965).
Mann, K., F. Stetter, *Thermografische
Befunde beim autogenen Training in
Abhängigkeit von der Tagesperi-
odik,* – Vortrag August 1980,
32. Therapiewoche Karlsruhe (im
Druck).
Miehle, W., *Sprechstunde: Gelenk-
rheuma,* Gräfe und Unzer Verlag,
München.

Nolte, D. *Sprechstunde: Asthma,*
Gräfe und Unzer Verlag, München.
Piepenhagen, G., K. Mann, *Objekti-
vierende Temperaturmessungen zur
Stirnkühle beim autogenen Training
Langzeittrainierter* (Publikation in
Vorbereitung).
Polzien, P., *Über die Physiologie des
hypnotischen Zustands als eine exa-
kte Grundlage für die Neurosenleh-
re,* Karger Verlag, Basel (1959).
Prill, H. J., *Das autogene Training zur
Geburtsschmerzerleichterung,* in:
Der Weg des autogenen Trainings
(Hrsg. D. Langen), 216–228, Wiss.
Buchges., Darmstadt (1968).
Schrapper, K. H., *Persönlichkeitszen-
trierte epidemiologische Funktions-
kontrolle zur Indikationsstellung des
autogenen Trainings,* Med. Inaug.
Diss. Mainz 1978.
Schultz, I. H., *Schichtenbildung im
hypnotischen Selbstbeobachten,*
Mschr. Psychiat. Neurol. 49,
137–143 (1921).
Schultz, I. H., *Das autogene Trai-
ning,* 16. Auflage, Thieme Verlag,
Stuttgart (1979).
Uexküll, Th. v., *Lehrbuch der psycho-
somatischen Medizin,* Verlag Urban
& Schwarzenberg, München
(1979).
Wolff, H. P. *Sprechstunde: Bluthochdruck,* Gräfe und Unzer Verlag,
München.

Rat und Hilfe vom Spezialisten

Prof. Dr. med. Klaus Ewe
Sprechstunde: Leber und Galle
Rat und Hilfe bei Störungen und Erkrankungen von Leber, Gallenblase und Gallenwegen. 112 S., Zeichng. Pb.

Dr. med. Helmut Haid
Sprechstunde: Venenerkrankungen
Rat und Hilfe bei Krampfadern, geschwollenen Beinen, offenen Beinen, Venenthrombose, Lungenembolie. 144 S., Zeichng. Pb.

Prof. Dr. med. Max J. Halhuber
Dr. med. Carola Halhuber
Sprechstunde: Herzinfarkt
Rat und Hilfe bei Koronarerkrankung und bei Herzinfarkt. 152 S., Zeichng. Pb.

Dr. med. Almuth Huth
Dr. med. Werner Huth
Sprechstunde: Depressionen
Rat und Hilfe bei depressiven Verstimmungen und bei Depressionskrankheit. 128 S., Pb.

Dr. med. Wolfgang Miehle
Sprechstunde: Gelenkrheuma
Rat und Hilfe bei Arthritis, chronischer Polyarthritis, Arthrose, Gicht und anderen rheumatischen Gelenkerkrankungen. 120 S., Zeichng. Pb.

Prof. Dr. med. Dietrich Langen
Sprechstunde: Schlafstörungen
Rat und Hilfe bei Einschlafstörungen, Durchschlafstörungen und frühzeitigem Erwachen. 100 S., Zeichng. Pb..

Prof. Dr. med. Dietrich Nolte
Sprechstunde: Asthma
Rat und Hilfe bei allergischem Asthma, Infektasthma und allen anderen Formen der Asthmakrankheit. Daueresthma mit Folgeschäden verhindern. 104 S., Zeichng. Pb.

Dr. med. Rüdiger Petzoldt
Prof. Dr. med. Karl Schöffling
Sprechstunde: Diabetes
Rat und Hilfe bei Erwachsenen- und Jugendlichen-Diabetes. 160 S., Zeichng. Pb.

Dr. med. Rainer Schrage
Sprechstunde: Empfängnisregelung
Die Pille und alle anderen Methoden der Empfängnisverhütung. 96 S., Zeichng. Pb.

Dr. med. Rainer Schrage
Sprechstunde: Wechseljahre
Rat und Hilfe bei allen klimakterischen Veränderungen und Beschwerden. 72 S., Zeichng. Pb.

Prof. Dr. med. Hanns-Peter Wolff
Sprechstunde: Bluthochdruck
Blutdruck senken – Hirnschlag, Herzinfarkt verhindern. Mit Richtlinien für Diät und richtige Lebensweise und mit Anleitung zur Blutdruck-Selbstmessung. 112 S., Zeichng. Pb.

Renate Zauner
Prof. Dr. med. Helmuth Müller
Sprechstunde: Kinderhaltungsschäden
Rat und Hilfe bei Knick-, Senk-, Spreizfuß, X-Beinen, Skoliose, Hohlkreuz, Rundrücken, Sitzkyphose. Mit Übungsteil für Mutter und Kind. 96 S., Zeichng. 50 Schwarzweißf. Pb.

Renate Zauner
Prof. Dr. med. Albert Göb
Sprechstunde: Rückenschmerzen
Rat und Hilfe bei Bandscheibenschaden, Wirbelsäulenverschleiß, Muskelverspannung, Rheuma und Ischias. Mit Selbsthilfeprogramm bei Rückenschmerzen und 70 gymnastischen Übungen. 112 S., Zeichng. Pb.

Gräfe und Unzer